Martin Haselhorst

Mit Schwung durchs SAUERLAND

Die schönsten Touren mit Pedelec & E-Bike

aktiv KLARTEXT

Bibliografische Information der Deutschen Nationalbibliothek
Die Deutsche Nationalbibliothek verzeichnet diese Publikation in der Deutschen Nationalbibliografie; detaillierte bibliografische Daten sind im Internet über http://portal.dnb.de abrufbar.

IMPRESSUM

3. Auflage Oktober 2025
Satz und Gestaltung: Joachim Bartels
Lektorat/Redaktionelle Mitarbeit: Kerstin Goldbach
Umschlagfotos: pd-f | www.flyer-bikes.com, Sauerland Tourismus/ Dennis Stratmann
Karten Inhalt: OpenstreetMaps
Druck und Bindung: Multiprint Ltd., Kostinbrod 2230, Slavianska Str. 10 A, Bulgarien

ISBN 978-3-8375-2369-0

KLARTEXT

Jakob Funke Medien Beteiligungs GmbH & Co. KG
Jakob-Funke-Platz 1, 45127 Essen
info.klartext@funkemedien.de
www.klartext-verlag.de

LEGENDE:

- Fahrzeit pro Strecke
- Streckenlänge
- 219 m Höhendifferenz der Strecke
- Schwierigkeitsgrad der Strecke
  - leicht
  - mittel
  - schwer
- Start
- Ziel (Endpunkt)
- Besondere Hinweise zur Strecke
- 5 Knotenpunkt
- Tourist-Info
- Bahnhof/ÖPNV
- Parkplatz am Startpunkt
- Gastronomie
- E-Bike-Auflademöglichkeiten/-stationen
- Streckencharakter
- Aussichtspunkte
- Schiffsanleger
- Badestelle
- Kirche/Kloster
- Besondere Sehenswürdigkeiten entlang der Strecke
- Museum
- Schloss/Burg
- Ausflugsziel
- Camping

INHALT

Touren

Mit Schwung durchs SAUERLAND
Entspannt Radeln im Herzen von NRW

Das Sauerland. Warum heißt das eigentlich so? Darüber streiten Historiker und Sprachwissenschaftler ohne abschließende Erkenntnis. Was aber Fakt ist: Wer mit dem Fahrrad in diesem Mittelgebirge rund um das Dach von Nordrhein-Westfalen unterwegs ist, dem kann am steilen Berg zuweilen schon einmal die Säure in die Beine schießen. Dank der immer beliebter werdenden Pedelecs und E-Bikes wird das Sauerland – bei Radsportlern ohnehin aufgrund seiner herausfordernden Topografie beliebt – auch für weniger trainierte Radfahrer und für alle Generationen erlebbar.

Die 12 attraktiven Strecken in diesem Radgenussführer sind zwischen 20 und 64 Kilometer lang und führen in unterschiedlichen Schwierigkeitsstufen über Berg und Tal durch die verschiedenen Landschaften des Sauerlands – beständiger Begleiter sind dabei stets die zahlreichen Gewässer.

Die Routen zeigen die ganze Vielfalt einer von Tourismus, Natur, Industriegeschichte, Tradition und Zukunftsorientierung geprägten Region: Flusslandschaften und Stauseen, Berge und Täler sowie Dörfer und Städte werden auf Radwegen, alten Bahntrassen, auf kleinen Kreisstraßen und Wirtschaftswegen erschlossen. Vom Seeblick bis zum Gipfelglück ist alles dabei: gut befahrbare Strecken, tolle Aussichten und interessante Sehenswürdigkeiten entlang der Strecken.

Kartenmaterial, Höhenprofile und Hinweise zu Einkehrmöglichkeiten machen das Buch zu einem praktischen Begleiter.

Selbstverständlich sind alle Touren vom Autor erprobt. Die Routenbeschreibungen sind so detailliert, dass sie auch ohne technisches Gerät problemlos abgefahren werden können; wer trotzdem die GPX-Daten herunterladen möchte, findet diese auf der Internetseite des Verlags.

Alle Angaben in diesem Buch wurden vom Autor und vom Verlag gewissenhaft geprüft. Manche Informationen sind aber dem zeitlichen Wandel unterworfen. Etwaige Angaben zu Gastronomie- und Freizeitangeboten können sich ändern – prüfen Sie diese bitte vor Fahrtantritt.

Viel Spaß beim schwungvollen Erkunden des Sauerlands!

Acht Tipps

FÜR FAHRTEN DURCH DAS SAUERLAND

1. Ein Muss für jede Radfahrerin und für jeden Radfahrer: der Helm. Schützen Sie sich vor Kopfverletzungen bei Stürzen und zugleich vor zu viel Sonneneinstrahlung.

2. Die Strecken in diesem Radführer passieren immer wieder Ortschaften mit gastronomischen Angeboten. Es empfiehlt sich dennoch, ausreichend Getränke und einen kleinen Snack für unterwegs dabei zu haben. Schöne Picknickmöglichkeiten bieten sich auf jeder Tour an.

3. Auch wenn auf fast jeder Tour E-Bike-Ladestationen vorhanden sind, sollten alle Etappen mit einer vollgeladenen Batterie angetreten werden. Das Sauerland kennt nur wenige ganz flache Strecken, sodass der Motor des E-Bikes immer wieder mal auch kräftiger zu arbeiten hat. Haushalten Sie mit den Kräften des E-Bikes und auch Ihres eigenen „Motors".

4. Nehmen Sie sich Zeit für die Touren – sie bieten zu viel, um an den vielfach preisgekrönten Dörfern einfach nur vorbeizurauschen. Genuss braucht Weile. Unsere „Tour de Sauerland" ist kein Wettrennen.

5. Überlegen Sie gut, an welchen Tagen oder zu welcher Jahres- und Uhrzeit Sie welche Tour fahren möchten. Radwege um Stauseen sind in der Regel an heißen Sommertagen oder Wochenenden stark frequentiert. Innerhalb der Woche, früh am Tage oder im Spätsommer entspannt sich die Lage meist.

6 Sorgen Sie dafür, dass Sie immer ein gut geladenes Mobiltelefon dabeihaben. Einige der Strecken können auch schon mal einsamer sein. Da ist es gut, wenn man bei einer Panne oder in einem anderen Notfall Hilfe rufen kann.

7 Im Sauerland ist aufgrund von Wald- und Fällarbeiten gelegentlich mal damit zu rechnen, dass Abschnitte eines Radwegs vorübergehend gesperrt sind. In der Regel wird das rechtzeitig ausgeschildert und auch eine Umleitung empfohlen. Wenn nicht, kann das Handy mit einer Karten-App helfen, eine Umfahrung zu finden. Einfach nach Gefühl eine Ausweichroute zu suchen, kann im Sauerland schon einmal in eine steile Sackgasse führen. Orientierung gibt auch das Radknotenpunktsystem im Sauerland (siehe Link-Tipps, Seite 160), das Wege zu Zielorten ausschildert. Zum Teil liegen Knotenpunkte auch auf den im Buch vorgestellten Touren.

8 Fragen Sie: Die Sauerländer sind direkte, aber liebenswerte und hilfsbereite Menschen. Hier lässt Sie niemand im Regen stehen.

TOUR 1

Ein schöner Einstieg: Sauerlandtäler und Stausee

Wer ein gutes Gefühl für das Sauerland bekommen möchte, startet mit dieser leichten Tour in die Saison. Die Route führt durch das Wennetal, wo typische Sauerländer Dörfer über eine ehemalige Bahntrasse bequem erschlossen sind. Wir erleben die Landschaft mit ihrem faszinierenden Wechsel aus Wiesen, Tälern und bewaldeten Hügeln, ehe es im zweiten Teil der Tour an den Hennesee und über Meschede zurück zum Ausgangspunkt geht.

2:50 Std.	**40,5 km**	**Einfache Tour auf Bahntrasse, Radwegen und Seeuferweg**	**430 m**

Schöne Radwege führen entlang des Hennesees.

Die Tourdaten auf einen Blick

Parkplatz am Sauerlandradring Im Ruhrtal 6 59872 Meschede-Wennemen

Bahnhof Meschede Obere Ruhrtalbahn/Linien RE 17 und RE 57 (mit Fahrradtransport) ab Hagen und Dortmund, dort auch Einstieg in Strecke möglich

Kombination mit Ruhrtalradweg (Anschluss in Meschede) und Sauerlandradring Südschleife (Anschluss in Eslohe oder Bremke)

STRECKENPROFIL

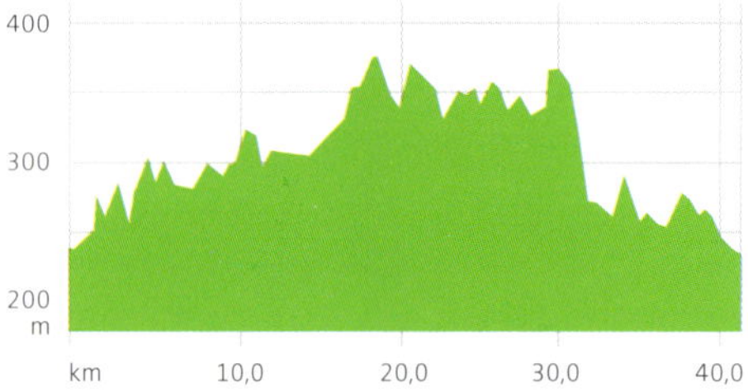

MAX. HÖHE

370 M

FAMILIEN

Mit Kindern ist die Tour zwar zu fahren, doch bieten sich unmittelbar an der Strecke für die Kleinen nur wenige attraktive Stopps.
Spaßfaktor:

★★★☆☆

GASTRO

Das Sauerland ist bekannt für seine bodenständige Küche. In jedem Ort gibt es Einkehrmöglichkeiten, jedoch muss im ersten Teil für eine Einkehr die Bahntrasse kurz zur Dorfmitte verlassen werden.
Gastro-Dichte:

★★★☆☆

UNTER STROM

Strecke mit wenig Steigungen, normale Akkuladung reicht, Ladestation am Weg
Schubkraft:

★★★★★

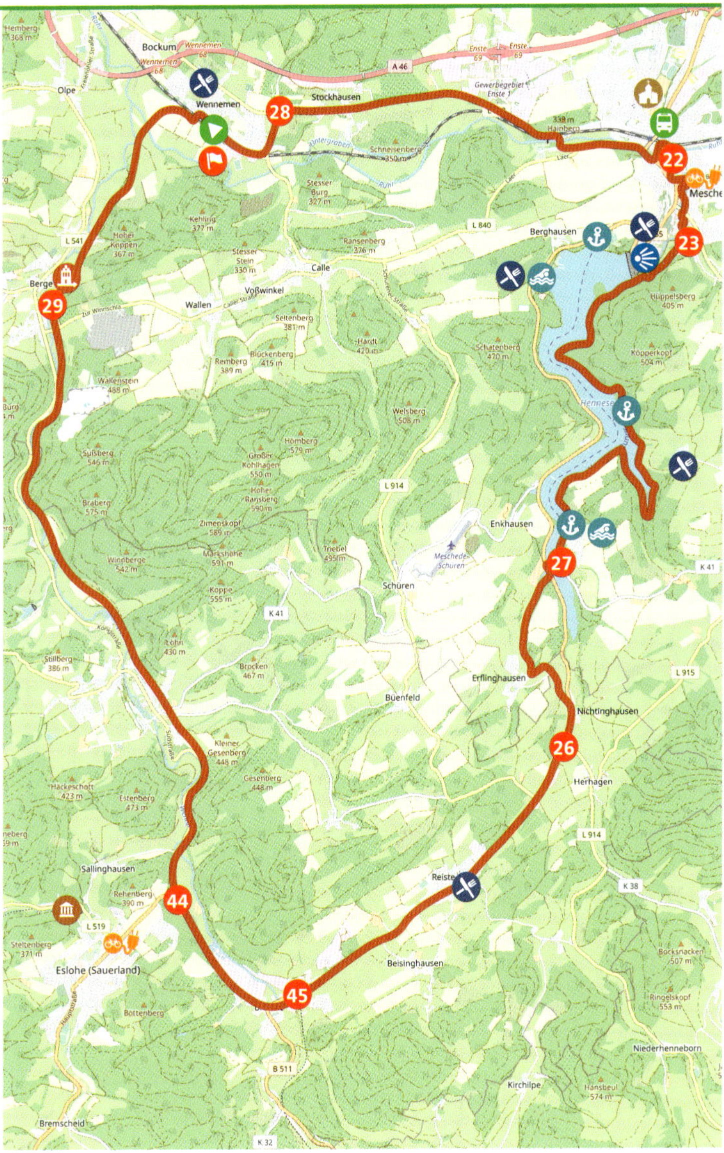
Bockum
Wennemen
Olpe
Stockhausen
A 46
Gewerbegebiet Enste
Enste
339 m Hainberg
Schneisenberg 350 m
Stesser Burg 327 m
Kehling 377 m
Hoher Koppen 367 m
L 541
Berge
Stesser Stein 330 m
Ransenberg 376 m
Calle
L 840
Berghausen
Mesche
Voßwinkel
Wallen
Seltenberg 381 m
Hardt 420 m
Hüppelsberg 405 m
Schatenberg 470 m
Köpperkopf 504 m
Remberg 389 m
Blöckenberg 415 m
Wallenstein 488 m
Welsberg 508 m
Homberg 579 m
Sulsberg 546 m
Großer Kohlhagen 550 m
Hoher Ransberg 590 m
Braberg 575 m
L 914
Zimenskopf 589 m
Enkhausen
Windberge 542 m
Markshöhe 591 m
Triebel 495 m
Meschede-Schüren
Schüren
Koppe 555 m
K 41
Lohn 430 m
Stillberg 386 m
Brocken 467 m
Erflinghausen
L 915
Büenfeld
Nichtinghausen
Kleiner Gesenberg 448 m
Gesenberg 448 m
Häckeschott 423 m
Estenberg 473 m
Herhagen
L 914
Sallinghausen
Reiste
K 38
Rehenberg 390 m
L 519
Steltenberg 371 m
Eslohe (Sauerland)
Beisinghausen
Bocksnacken 507 m
Bottenberg
Ringelskopf 553 m
Niederhenneborn
B 511
Kirchilpe
Hansbeul 574 m
Bremscheid
K 32
22
23
26
27
28
29
44
45

Einen optimalen Einstieg in die Hennesee-Schleife – oder auch Sauerlandradring Nord genannt – bietet der autobahnnahe, an der Landstraße 743 in Richtung Meschede gut ausgeschilderte und großflächige Sauerlandradring-Parkplatz in Wennemen. Von hier öffnet sich bereits der Blick über das Ruhrtal auf die Hügellandschaft des Sauerlands. In unmittelbarer Nachbarschaft befindet sich der Einstieg auf den Bahntrassenradweg in Richtung Eslohe.

Nach den ersten Metern – sobald man die alte Eisenbahnbrücke über die Ruhr überfahren hat –ist schon klar, was einen bei dieser Tour erwartet: eine gemütliche Fahrt auf der asphaltierten Bahntrasse mit ganz geringer Steigung durch das Wennetal, eingebettet zwischen Flusstal und Bergrücken. Aus der Geschichte der Bahntrasse wird hier kein Hehl gemacht – im Gegenteil: Immer wieder erinnern Bahnsignale, Prellböcke sowie interessante und kurzweilige Infotafeln an die Geschichte der Bahnlinie, die nun eine wichtige Achse des sauerländischen Radtourismus geworden ist.

Eisenbahn-Relikte entlang des Radwegs

SCHON GEWUSST?

Wo heute Radfahrer entspannt durch das Wennetal radeln können, fuhren bis 1966 Personen- und bis 1996 Güterzüge auf einer eingleisigen und nicht elektrifizierten Bahnstrecke. Diese wurde 1911 in Betrieb genommen. Die Eisenbahnstrecke trug maßgeblich zu einem Wirtschaftsaufschwung in der Region bei. Durch die Bahn wurde der Raum Eslohe auch für den Tourismus erschlossen. Der Fahrradweg auf der Bahntrasse wurde im März 2007 eröffnet. Die gesamte Bahnlinie führte von Finnentrop bis Wennemen über insgesamt 35,5 Kilometer und ist heute weitestgehend Teil des Sauerlandradrings.

Nach gut drei Kilometern erreichen wir den ersten Ort und müssen uns nun entscheiden: auf dem Radweg bleiben und vorankommen oder Sightseeing in den Dörfern Berge und Wenholthausen? Dafür müssen wir – stets ausgeschildert – die Trasse verlassen und erreichen nach maximal 300 Metern den Ort. Als Erstes passieren wir Berge (Knotenpunkt 29). Hier lohnt sich ein Blick auf eine schöne Ortschaft, die auch als Tor zum Wandergebiet Homert gilt.

Bleiben wir auf dem Radweg, gibt es aber dennoch etwas zu sehen. Wir kommen bei Berge am „Summenden Schul- und Erlebnisgarten" vorbei. Hier lohnt ein Stopp direkt an der Trasse.

Der „Summende Schul- und Erlebnisgarten" ist ein kleines Naturparadies und bietet Besuchern Einblicke in das Leben eines Bienenvolks. Neben zahlreichen interessanten Schautafeln ist im Bienengarten auch der „Berger Brummer" – ein Summstein aus dem Wennetal – zu bestaunen. Der Summende Schul- und Erlebnisgarten steht jedermann offen und dient außerdem als „außerschulischer Lernort".

Asphaltiert auf Straßen/Radwegen oder abseits der Straßen:
95:5

Belebte Strecken/ einsame Wege:
60:40

Entdecken/Abschalten, Entspannen:
35:65

Bei der Weiterfahrt bleibt das Bild gleich, aber keineswegs eintönig. Nach weiteren sechs Kilometern erreichen wir Wenholthausen. Wer sich Zeit nehmen möchte, kann hier den Wennepfad besuchen. Der zeigt auf 1,2 fußläufigen Kilometern direkt am Ufer der Wenne, wie die Menschen den kleinen Fluss für Wasserkraft und Landwirtschaft für sich nutzten und nutzen. Der Weg startet in der Ortsmitte.

Kurz vor dem Abzweig nach Salinghausen trennt sich der Sauerlandradring und die Route verlässt die Bahntrasse – weiter geht es nun auf den Radweg entlang der Straße nach Eslohe und Bremke. Den Ort Eslohe lässt unser Radweg rechts liegen. Auch hier wäre die Gemeinde schnell erreicht, um einen gastronomischen Stopp einzulegen. Unterwegs sieht man das Haus Wenne. Das 1296 erstmals erwähnte Gut liegt schön eingebettet im hier geöffneten Wennetal.

Haus Wenne bei Eslohe

Entlang des Hennesees – hier bei Niedrigwasser im Spätsommer – lässt es sich entspannt radeln.

In Bremke hat die Radtour einen ihrer wenigen Orientierungsknackpunkte. Wir halten uns auf dem Radweg oder der Radspur der B 55 in Richtung Meschede und lassen uns auch nicht an einem Schilderwald (Knotenpunkt 45) kurz hinter der Kirche irritieren. Dort biegen wir nicht rechts auf den Radweg nach Frielinghausen ab (hier geht es ebenfalls auf die Südschleife des Sauerlandradrings), sondern wir fahren weiter durch den Ort und dann leicht bergauf nach Reiste.

Wir radeln mitten durch den Ortskern an einer leider zuweilen viel befahrenen Bundesstraße entlang. Am Ende des Ortes gilt es aufzupassen, wenn der Radweg die Straße kreuzt und fortan links und deutlicher getrennt von der Bundesstraße 55 weiter verläuft. Nun rollen wir über eine sich in offener Landschaft erhebenden Kuppe in Richtung Hennesee, verlassen kurz nach dem Knotenpunkt 26 in Nichtinghausen die Straße links nach Erflinghausen und kommen über

Obermielinghausen wieder hinunter in das Hennetal zum Vorbecken des Hennesees.

Nach wenigen Metern auf der Bundesstraße in Richtung Meschede biegen wir rechts über eine Brücke in Richtung Campingplatz Hennesee ab. Hinter der Brücke (Knotenpunkt 27) geht es direkt links auf den Rad- und Fußweg am See entlang – es sei denn, wir peilen einen Stopp in der Camping-Gastronomie an.

Die Himmelstreppe verbindet den See mit dem Hennepark in Meschede. 333 Stufen führt die Treppe hinauf auf den Staudamm. Die Treppe ist ein beliebtes Fotomotiv und Ausflugsziel, das Hennesee-Besucher nicht verpassen sollten. Insbesondere in der Dämmerung ist die Himmelstreppe beeindruckend und fasziniert durch ihre Beleuchtung. Vom Staudamm hat man auch einen hervorragenden Ausblick auf die Kreisstadt Meschede. Die Himmelstreppe ist rund um die Uhr frei zugänglich.

Entlang des Seeufers führt der Weg ohne Steigungen, aber weit geschwungen um die ausschweifenden Buchten, bis hin zum Hennedamm in Meschede. Hier wartet die Himmelstreppe als eine der herausragenden Sehenswürdigkeiten der Tour auf uns.

Vom Damm und der Himmelstreppe geht es weiter talwärts ins Zentrum von Meschede. Hier gilt es jetzt, gut auf die Schilder zu achten und sich gegebenenfalls intuitiv in die Fußgängerzone bis an die Ruhr führen zu lassen. Eisdielen und Cafés laden hier ein, ehe wir uns langsam auf die letzte Etappe der Tour begeben. In Meschede bietet sich mit einem kleinen Umweg auch eine Stippvisite in der Abtei Königsmünster an.

Das imposante Gebäude der Abtei Königsmünster in Meschede

SCHON GEWUSST?

Die Abtei Königsmünster ist ein zeitgenössisches Benediktiner-Kloster in Meschede. Auf dem Klosterberg befinden sich neben der Abteikirche vor allem handwerkliche Wirtschaftsbetriebe, Klosterläden, eine Abteigaststätte und ein Gymnasium. Die Architektur der Klosteranlage ist bewusst modern und als Symbolik für die Menschen des 20. Jahrhunderts gewählt. Die Abteikirche wurde 1964 geweiht (Klosterberg 11, 59872 Meschede, Tel. 0291 29950, www.koenigs-muenster.de).

Bootstour auf dem Hennesee

Ansonsten gelangen wir hinter der Ruhrbrücke vorbei am Bahnhof Meschede (Knotenpunkt 22) nochmal an die Ruhr und fahren dann auf den Radweg entlang der Straße in Richtung Wennemen und Freienohl. Hier lässt es sich weiter entspannt und ohne Schwierigkeiten radeln. Kurz bevor wir in einer S-Kurve erneut die Ruhr überqueren, biegt ein Weg zum Wasserschloss Laer ab. Die eigentliche Strecke führt aber durch Stockhausen. Kurz hinter dem Ort folgen wir der Landstraße 914 auf einem Radweg nach links in Richtung Calle, nehmen dann die zweite Straße rechts (Südstraße) und erreichen nach einem weiteren Kilometer den Parkplatz am Ausgangspunkt.

Tour-Infos

Konditorei Café Kaptain
Hauptstraße 46
59889 Eslohe

Fahrradfachgeschäft Zint
Zeughausstraße 4
59872 Meschede

Touristische AG „Rund um den Hennesee“
Bahnhofstraße 139
59909 Bestwig
Tel. 02904 712810
www.hennesee-sauerland.de

WEITERE AUSFLUGSZIELE:

Maschinen- und Heimatmuseum „DampfLandLeute“ Eslohe
Homertstraße 27, 59889 Eslohe
Tel. 02973 2455 oder 800-220
www.museums-eslohe.de

Personenschifffahrt Hennesee
Abfahrt für Rundfahrten ab Anleger Hennedamm, 59872 Meschede
Tel. 0151 68865188
www.hennesee.de

Landgasthof Seemer
Südstraße 4
59889 Wenholthausen
Tel. 02973 570
www.seemer.de

Landgasthof Reinert
Mescheder Straße 31
59889 Eslohe
Tel. 02973 3201
www.landgasthof-reinert.de

Xavers Ranch
Vellinghausen 2
59872 Meschede
Tel. 0291 50253
www.xavers-ranch.de

Chillin
Am Hennesee 7
59872 Meschede
Tel. 0175 7303073

H1 am See
Am Henterberg 1
59872 Meschede
Tel. 0291 90877830

TOUR 2

Spannungsbogen:

Tunnelfahrt, Lennestrand und Bergwertung

Sie gehört zu den längeren Touren im schönen Sauerland. Die 55 Kilometer lange „Fledermaustunnel-Runde" verbindet Eslohe im Hochsauerland über einen Bahntrassenweg mit dem Lennetal und führt dann über Finnentrop und Elspe entlang der Bundesstraße 55 zurück nach Eslohe. Eine im zweiten Teil anspruchsvolle Strecke, die aber Natur, Industriegeschichte, traditionelles Sauerland und Natur in Einklang bringt. Benötigt werden aber ein leistungsfähiger E-Bike-Motor und Ausdauer.

4:00 Std.

55,4 km

Anspruchsvolle Tour mit viel Abwechslung

570 m

Im Fledermaustunnel

Die Tourdaten auf einen Blick

Museum
„Dampf Land Leute“
Homertstraße 27
59889 Eslohe

Bahnhof Finnentrop
(dort Einstieg in die
Strecke möglich)

Kombination mit Tour 1
(Hennesee-Nordschleife
des Sauerlandradrings)
oder Verlängerung ab
Grevenbrück über
Schmallenberg
(Sauerlandradring)

STRECKENPROFIL

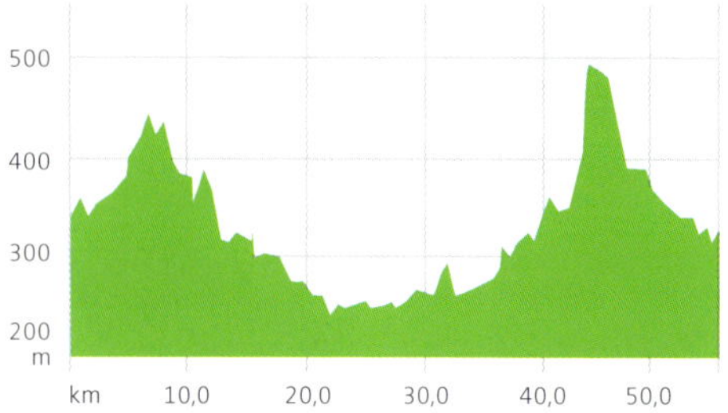

MAX. HÖHE
490 M

FAMILIEN

Die Tour ist als ganze Runde aufgrund der Länge und des Straßenanteils (insbesondere in der zweiten Hälfte) mit Kindern nicht gut zu fahren.
Spaßfaktor: ★★☆☆☆

GASTRO

Entlang des Bahnradwegs weniger Gastronomie, ab Fretter hat aber jeder passierte Ort etwas zu bieten.
Gastro-Dichte: ★★★☆☆

UNTER STROM

Strecke mit Steigungen, volle Akkuladung reicht, Ladestationen vereinzelt am Weg.
Schubkraft: ★★★☆☆

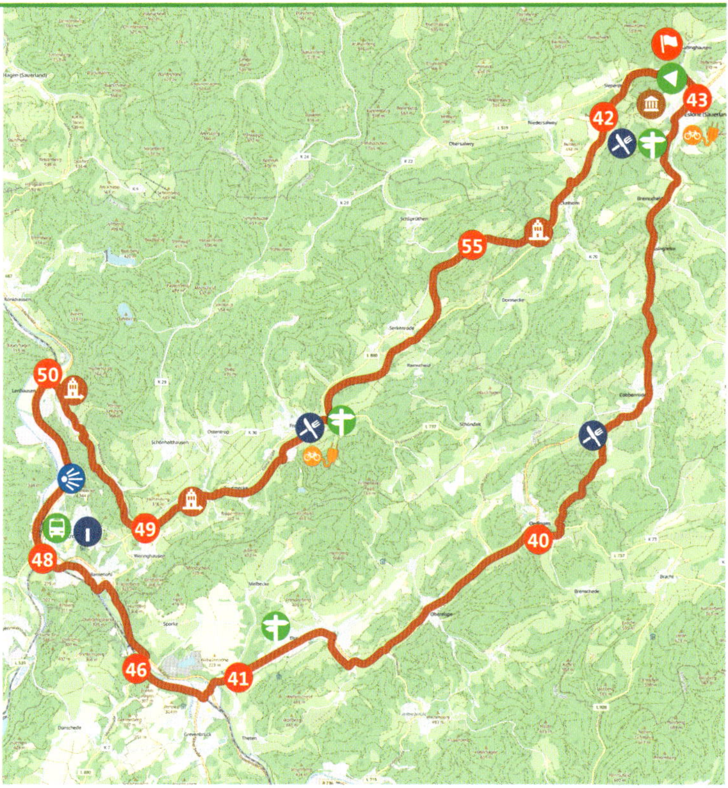

Der Kückelheimer Tunnel wird auch Fledermaustunnel genannt.

Startpunkt der Tour ist ein Ort, der für sich allein schon ein lohnendes Ausflugsziel sein könnte. Für den Besuch des „Dampf Land Leute"-Museums in Eslohe sollten wir vor dem Start oder am Ende der Tour unbedingt Zeit einplanen. Auf jeden Fall aber treffen wir hier, direkt gegenüber der Brücke zum Museum auf der anderen Seite der Straße, auf unseren Radweg, dem wir nach links in Richtung Kückelheim folgen.

Das „Dampf Land Leute"-Museum ist ein technisches Museum und Heimatmuseum. Es wurde 1981 eröffnet. Zu den Exponaten zählen 14 Dampfmaschinen und sechs Lokomotiven sowie ein Deutz-Dieselmotor. Auch das Wohnen und Arbeiten im Sauerland wird dargestellt. Dabei werden vor allem das Holz- und Metallhandwerk, aber auch die Verarbeitung von Schiefer und Leder dokumentiert. Zweimal im Monat ist die Fahrt mit einer Feldbahn möglich. Seit Oktober 2006 läuft die Dauerausstellung „Es werde Dampf!". Das Museum hat sich in Trägerschaft der Gemeinde Eslohe stetig weiterentwickelt. Einen Grundstock des vielfältigen Objektbestands bildeten in den Anfängen die privaten Sammlungen des Esloher Fabrikanten und Stifters Eberhard Koenig. Vom Museumsverein Eslohe e. V. werden diese und weitere Schätze seitdem gepflegt, vermehrt und präsentiert (Homertstraße 27, 59889 Eslohe, Tel. 02973 2455, www.museum-eslohe).

Der Fledermaustunnel ist eine besondere Attraktion auf der Strecke.

Auf einem gut ausgeschilderten Radweg, der sehr komfortabel zu fahren ist und bereits schöne Aussichten auf die Hügel- und Berglandschaft eines sich zunehmend verdichtenden Tals eröffnet, erreichen wir nach nicht einmal sechs Kilometern den Kückelheimer Tunnel („Fledermaustunnel"). Die 689 Meter lange Unterführung gilt als einer der Höhepunkte im sauerländischen Radwegenetz und ist wie dieser Streckenabschnitt Teil des großen 84 Kilometer langen Sauerlandradrings, den unsere Tour etwas abkürzen wird. Zu beachten ist, dass der Tunnel in den Wintermonaten in der Regel bis Anfang April aus Naturschutzgründen geschlossen ist. Eine landschaftlich schöne Umfahrung über Niedersalwey wird am Radknotenpunkt 42 angezeigt, ist aber topografisch äußerst anspruchsvoll und bedeutet einen Umweg von rund zehn Kilometern.

Immer wieder spannend: schummriges Licht, feuchte Bruchsteinwände, das Platschen von Wassertropfen und eine dämmrige Atmosphäre. 689 Meter führt der „Fledermaustunnel" durch den Berg. Ein Platz, der nicht nur Menschen gefällt, sondern auch Tieren: Die Bartfledermaus, das Große Mausohr, die Wasserfledermaus und das Braune Langohr wurden dort schon gesichtet und gaben sowohl dem Radweg als auch dem Tunnel den Namen. 1911 wurde die Bahnstrecke zwischen dem Lennetal und Eslohe, die durch den Tunnel führt, in Betrieb genommen und 1966 wieder eingestellt. Ab 1976 wurden nach und nach die Gleise und mehrere Bahnbrücken abgerissen. Die Bahntrasse fiel in einen Dornröschenschlaf, ehe sie zum Radweg wurde.

Nach der Ausfahrt aus dem Tunnel erreichen wir Fehrenbracht (Knotenpunkt 55) in einem sich weit öffnenden Tal und bleiben fortan auf einem Radweg – fast durchgehend folgt dieser einer alten Bahntrasse durch das Frettertal. Im Ort Fretter verlassen wir kurz den Radweg, halten uns rechts, passieren ein Tretbecken und die alte Knochenmühle im Ort – eine in Nordrhein-Westfalen einzigartige und als technisches Kulturdenkmal erklärte Wasserradmühle, die um 1900 errichtet wurde und Knochenmehl als Dünger produzierte.

Die Knochenmühle in Fretter steht unter Denkmalschutz.

Links über die Esloher Straße fahren wir kurz durch den Ort, folgen den Radwegschildern und biegen nach wenigen Meter links ab und werden automatisch wieder auf den Radweg in Richtung Deutmecke geführt. Wir halten uns auf der Route in Richtung Lehnhausen und Finnentrop und erreichen die Frettermühle, die an Wochenenden eine Gelegenheit zur Pause bietet, ehe wir das Lennetal erreichen.

Die ehemalige Getreidemühle Frettermühle wird seit 1989 zur umweltfreundlichen Stromerzeugung genutzt. Die seit mehr als 600 Jahren bestehende Mühle ist seit über 200 Jahren in Familienbesitz und war noch bis 1983 in Betrieb. Sie ist mit ihrer vollständigen maschinellen Ausstattung erhalten. Das angeschlossene Café-stübchen öffnet nicht mehr regelmäßig. Nach möglichen Führungen ab 20 Personen kann es aber noch selbstgebackenen Kuchen im historischen Ambiente der Mühle geben (Mühlenwinkel 2, 57413 Finnentrop, Tel. 02721 70872).

Einen Abzweig nach Weringhausen am Knotenpunkt 49, der ebenfalls eine Strecke nach Finnentrop ausschildert, lassen wir links liegen und rollen weiter hinab ins Tal – mal auf einem Radweg entlang der Bundesstraße, mal vorbei an Fischteichen und zuletzt noch einmal über die Straße in Richtung Lehnhausen. Letzterer Abschnitt soll künftig durch einen geplanten Radweg durch den Lehnhauser Tunnel ersetzt werden. So aber erreichen wir an einer Kreuzung das schöne Wasserschloss Lehnhausen.

Auf der anderen Seite der Kreuzung folgen wir der Fretterbachstraße, halten uns an deren Ende links in Richtung Sportplatz (Knotenpunkt 50). Ab jetzt führt

Ein prächtiges Gebäudeensemble ist das Wasserschloss Lehnhausen, das allerdings in Privatbesitz und daher nur von außen zu besichtigen ist. Lehnhausen wurde 1285 erstmals als Sitz einer Adelsfamilie genannt und ist seit 1457 durchgängig bis heute Stammsitz der Familie von Plettenberg. Die Baugeschichte ist weitgehend ungeklärt, der mittelalterliche Kernbau wurde in der zweiten Hälfte des 17. Jahrhunderts ausgebaut und erweitert. Der von einer Gräfte umgebene dreigeschossige, mit drei Türmen eingefasste Bruchsteinbau wurde in den Jahrhunderten mehrfach renoviert.

uns der Radweg entlang der Lenne nach Finnentrop. Dabei passieren wir noch vor Finnentrop die Fabrik des bekannten sauerländischen Wurstfabrikanten Metten sowie die Aussichtsplattform Lenneblick, die später einmal der Einstieg in den 196 Meter langen Lehnhauser Tunnel sein soll. Entlang der Bahn und des Flusses erreichen wir Finnentrop und seinen schön gestalteten und gut frequentierten Lennepark (Knotenpunkt 48). In einem Halbkreis umfahren wir Finnentrop, das sich links von uns den Hang hinaufzieht und spüren hier das Leben eines sauerländischen Städtchens.

Dem Radweg folgen wir weiter bis Bamenohl, wo wir auf die Bamenohler Straße stoßen. Am nächsten Kreisverkehr geht es rechts über die Lenne (Knotenpunkt 46) und dahinter sofort wieder in den Wald entlang des Flusses in Richtung Grevenbrück. Dort führt ein moderner Tunnel unter der Bahnlinie hindurch auf die Kölner Straße, der wir bis zur Lennebrücke und der Elsper Straße folgen (zum Knotenpunkt 41). Diese führt durch den Ort Elspe – bekannt durch seine Karl-May-Festspiele.

Die Karl-May-Festspiele finden auf einer Naturbühne statt.

SCHON GEWUSST?

Finnentrop gilt mit rund 17.000 Einwohnern als größere Kleinstadt, hat aber aufgrund seiner geografischen Lage und Verkehrsanbindung die Funktion eines Mittelzentrums. Im Zuge der Industrialisierung kam es in Teilen des bislang agrarisch geprägten heutigen Gemeindegebiets zur Ansiedlung von Fabriken und einem damit verbundenen sozialen Wandel. Erste Veränderungen brachte der Straßenbau in der ersten Hälfte des 19. Jahrhunderts, der entscheidende Faktor hin zur industriellen Entwicklung war dann die Eröffnung der Ruhr-Sieg-Bahn im Jahr 1861.

Das Elspe Festival ist Ort der berühmten Karl-May-Festspiele und einer der größten und meistbesuchten Show- und Festivalparks Europas. Jährlich zieht es rund 180.000 Besucher auf das circa 120.000 Quadratmeter große Gelände, wo seit 1964 Karl-May-Stücke auf einer Naturbühne aufgeführt werden. Die Festspiele steigerten ihren Bekanntheitsgrad 1976 enorm durch die Verpflichtung von Pierre Brice, dem damaligen Filmdarsteller von Winnetou. Gleichzeitig wurde das Programmangebot ausgeweitet und Reitershows, Marionettentheater und indianische Folklore angeboten (Zur Naturbühne 1, 57368 Lennestadt, Tel. 02721 94440, www.elspe.de).

Asphaltiert auf Straßen/Radwegen oder abseits der Straßen:
90:10

Belebte Strecken/ einsame Wege:
50:50

Entdecken/Abschalten, Entspannen:
50:50

Entlang der Bundesstraße 55 lassen sich straßenbegleitende Radwege oder Rad-/Fußwege sowie stückweise Fahrten auf der Landstraße nicht vermeiden. In Elspe verlassen wir die Straße noch einmal kurz nach rechts ins Tal, kommen aber am Ortsausgang wieder an die Straße, die nun nach Oberelspe, Oedingermühle und Oedingen führt. In Oedingermühle leiten die weiß-roten Radwegepfeile auch zurück nach Eslohe, wir fahren aber weiter nach Oedingen (Knotenpunkt 40).

Achtung: Hier aber sollten alle, die ungern auf einer Bundesstraße fahren, rechts in die Brachter Straße nach Oedingerberg abbiegen. Dort fahren wir nach einem Kilometer am Scheitel einer Rechtskurve links auf die Straße „Oedingerberg". Dieser folgen wir konsequent, hier auch mal kräftiger bergauf mit einem kleinen Schiebestück, bis zu einer Gabelung, an der wir uns links halten. Weiter gehts es bis zum Gasthof „Schöne Aussicht" auf dem Kopf des Höhenzugs. Der ausgeschilderte Radweg führt von Oedingen zwar an der Bundesstraße entlang, ist aber unbedingt zu vermeiden. Es sei denn, man möchte die bei Motorradfahrern als Treffpunkt beliebte „Madonna der Straße" besuchen. Lohnt aber nicht wirklich –

Blick auf die Pfarrkirche St. Peter und Paul in Eslohe

Weiter Blick in die Landschaft bei Eslohe

also ab Oedingen unbedingt die hier vorgeschlagene Route über Oedinger Berg wählen.

Die „Schöne Aussicht" auf der Kuppe zwischen Oedingen und Cobbenrode entschädigt für die lange Bergauffahrt und ist immer ein guter Platz für eine Pause im Biergarten oder an einem freigewählten Picknickplatz.

Der Stertschultenhof ist ein denkmalgeschütztes historisches Gebäude in Cobbenrode.

Ab jetzt geht es nur noch bergab entlang der nun angenehmen Landstraße nach Cobbenrode, hinab nach Isingheim und Bremscheid. Das sich bei der Abfahrt eröffnende Panorama mit dem Blick in eine typische sauerländische Tallandschaft ist großartig. Seit Ende 2021 ist auch der Bau des Radweges zwischen Cobbenrode und Bremscheid abgeschlossen, der dieser Tour weiteren Mehrwert gibt. Von Bremscheid geht es dann ebenfalls über einen Radweg nach Eslohe.

Am Ende der Ortsdurchfahrt in Eslohe ist an einem Kreisverkehr (Knotenpunkt 43) der Abzweig nach Links zum „Dampf Land Leute"-Museum schon ausgeschildert. Wir kommen zum Schluss noch einmal auf den Bahnradweg, auf dem unsere Tour begann.

Tour-Infos

Eslohe
Mindener Straße 8A
59889 Eslohe

Gasthof zur Post
Esloher Straße 210
57413 Finnentrop-Fretter

Historischer Feuerwehrturm
Grevenbrück
Im Planken 7
57368 Lennestadt

Ferienregion Eslohe
Tel. 02973 442
www.ferienregion-eslohe.de

Tourismus Finnentrop
Gemeindeverwaltung Finnentrop
Am Markt 1
57413 Finnentrop
Tel. 02721 512151
www.finnentrop.de/wirtschaft-tourismus

WEITERE AUSFLUGSZIELE:

Galileo-Park Lennestadt
Sauerland-Pyramiden 4–7
57368 Lennestadt
Tel. 02721 6007710

Knochenmühle Fretter
Schöndelter Straße 11
57413 Finnentrop-Fretter
Führungen auf Anfrage:
Tel. 02724 8258

Gasthof zur Post
Esloher Straße 210
57413 Finnentrop-Fretter
Tel. 02724 880128
www.pension-zur-post.com

Zur schönen Aussicht
Schwartmecke 11
59889 Eslohe-Cobbenrode
Tel. 02973 3139

Brauereigasthof Domschänke
Sankt-Rochus-Weg 1
59889 Eslohe
Tel. 02973 97650
www.essel-braeu.de

Forellenhof Poggel
Homertstraße 21
59889 Eslohe
Tel. 02973 97180

TOUR 3

Im Hochsauerland:

Die goldenen Dörfer entdecken

Das Sauerland ist bekannt für seine schönen Dörfer. Die etwas verkürzte Golddörfer-Tour mit Start und Ziel in Schmallenberg führt durch das höhere Sauerland und spiegelt Geschichte, Baustile und Lebensart der Region wider. Schmucke Fachwerkdörfer mit imposanten Kirchen sowie beeindruckende Landschaft erwarten uns, dabei folgen wir immer dem goldenen Routenlabel. Wir passieren die in vielen Wettbewerben preisgekrönten Dörfer Fleckenberg, Lenne, Grafschaft und Oberkirchen sowie Niedersorpe und Holthausen. Eine Tour mit Aussichten, Kultur und schönen Einkehrmöglichkeiten in fast jedem Ort.

2:45 Std.	**ca. 39 km (Verlängerung um rund 9 km möglich)**	**Abwechslungsreiche Tour auf Rad- und Wirtschaftswegen und kurzen Straßenabschnitten**	**560 m**

Eine Radtour in der Abendsonne

Die Tourdaten auf einen Blick

Holz- und Touristikzentrum Poststraße 7 57392 Schmallenberg (gute Parkmöglichkeit direkt am Weg)

Anreise mit ÖPNV beschwerlich, nächster Bahnhof 20 km von Schmallenberg entfernt in Lennestadt oder in Meschede (30 km)

Kombination ab Schmallenberg mit Sauerlandradring-Südschleife

STRECKENPROFIL

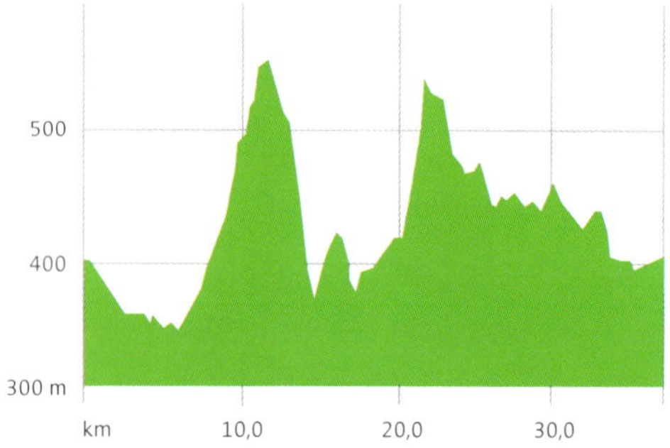

MAX. HÖHE

520 M

FAMILIEN

Die Tour ist mit verkehrstüchtigen Kindern zu fahren und bietet Abwechslung mit einem Tretbecken und Kurpark.
Spaßfaktor:

★★★☆☆

GASTRO

Nahezu alle Orte an der Strecke weisen attraktive Landgasthöfe mit guter Küche, Biergärten und Kaffee/Kuchen auf.
Gastro-Dichte:

★★★★★

UNTER STROM

Strecke mit einigen Steigungen, gut gefüllter Akku empfiehlt sich, Ladestationen am Weg.
Schubkraft:

★★★★★

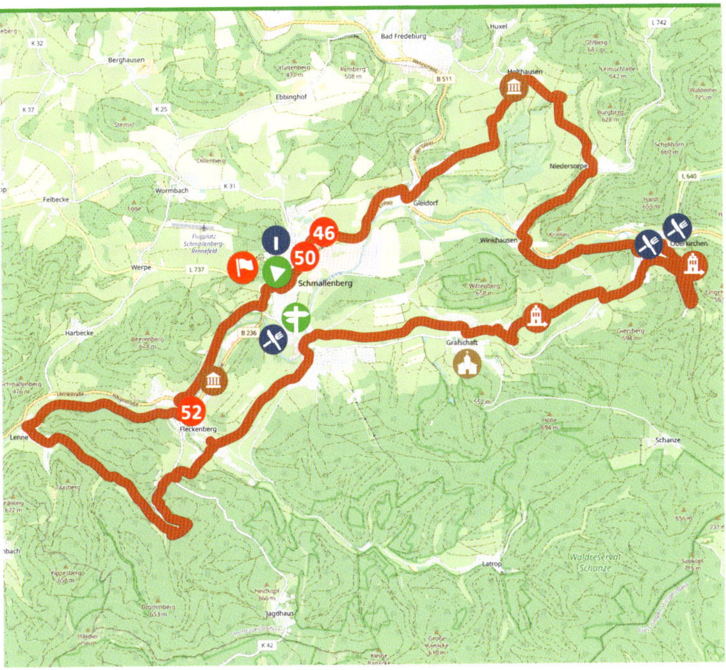

Die Golddorf-Radroute führt durch den Ort Lenne.

Die Tour, für die man sich ruhig einen ganzen Tag Zeit nehmen sollte, um die vielen Orte näher kennenzulernen, startet am Holz- und Touristikzentrum in Schmallenberg (Knotenpunkt 50). Direkt gegenüber dem Parkplatz führt der Radweg vorbei und gibt mit einer Streckentafel einen Überblick auf die Region. Die Ausschilderung, die zu befolgen ist, ist das braune Golddorf-Radrouten-Schild. Dieses darf nicht mit dem häufig auch zu sehenden „G" der Golddörfer-Wanderroute verwechselt werden. Wir starten vom Parkplatz aus links nach Westen und folgen der Beschilderung in Richtung Fleckenberg und Lenne. Nach knapp drei Kilometern passieren wir das Museum Besteckfabrik Fleckenberg. Eine gute Gelegenheit für einen ersten Stopp.

Die Wegbeschilderung der Golddorf-Radroute

Das Besteckmuseum im Schmallenberger Ortsteil Fleckenberg

In Fleckenberg kreuzen wir die Straße, durchfahren den Ort (Knotenpunkt 52) und verlassen ihn in Richtung des Dorfes Lenne (der Beschilderung in Richtung Knotenpunkt 39 folgen). Parallel zur Bundesstraße 236, getrennt durch die Lennewiesen, geht es am Waldrand entlang des Flusses bis zum Örtchen Lenne.

Hier beginnt einer der schönsten Abschnitte der Strecke. Von Lenne aus führt der Weg sanft an-

Das Museum Besteckfabrik in Fleckenberg ist ein anschauliches Stück sauerländischer Industriegeschichte. Von 1938 bis 1972 produzierte in dem Gebäude die Firma Carl Hesse KG Bestecke. Die Energieversorgung war weitestgehend über Wasserkraft geregelt. Im Museum ist ein Labyrinth von verschiedenartigen Antriebsbändern zu bestaunen, über die die Schleifarbeiten der Besteckfabrikation ermöglicht wurden. Im Jahr 1990 wurde das Gebäude unter Denkmalschutz gestellt. Von 1997 bis 2000 renovierte der Heimatverein Fleckenberg die Besteckfabrik und machte sie der Öffentlichkeit zugänglich. Jährlich besuchen über 5500 Menschen das Museum und bringen nach den einstündigen und auch für Kinder spannenden Führungen oft auch ihr persönliches Löffelchen mit nach Hause (Wiesenstraße 12, 57392 Schmallenberg, Tel. 0160 4534159, www.besteckfabrik-fleckenberg.de).

steigend bergauf durch das Uentroper Tal – Wald auf der einen, Weiden und Bachtal auf der anderen Seite – und unterwegs bietet ein Tretbecken Gelegenheit zur Abkühlung. Am Ende des

Das Tretbecken im Uentroper Tal lädt zu einer Abkühlung ein.

Asphaltiert auf Straßen/Radwegen oder abseits der Straßen:
85:15

Belebte Strecken/ einsame Wege:
40:60

Entdecken/Abschalten, Entspannen:
60:40

Tals wartet in einer Spitzkehre mit Anstieg eine kleine Bergwertung. Oben angekommen lohnt sich ein Blick zurück durch das Tal und vor allem aber auf die Beschilderung. Dort oben irritiert nämlich eine etwas verwirrende Wegführung. Also aufmerksam fahren, am Kopf des Anstieges scharf links abbiegen und nicht den gefühlt richtigen Weg weiter bergab nehmen, der dann zwar durch einen Märchenwald entlang des Wanderweges F2 Richtung Fleckenberg führt, aber eigentlich falsch ist. (Kleiner Tipp: Wer dem falschen „G" folgt und sich verfährt, kann dem F2-Zeichen Richtung Fleckenberg folgen. Die Strecke ist aber ein für E-Bikes nicht optimal geeigneter Waldhöhenweg, der später zu einer Siedlung und von dort links talwärts führt, bis man wieder auf die eigentliche Golddorf-Route kommt).

Wir fahren am Ende des Wegs durch das Uentroper Tal, also nach der scharfen Links-Abbiegung noch ein wenig ansteigend auf der Höhe, und dann im Gefälle zurück bis zur Jagdhauser Straße. Dort halten wir uns links und kurze Zeit später geht es

Der Kurpark Schmallenberg bietet auch Kindern Abwechslung.

sofort wieder rechts in die Kapellenstraße, später über die Lattroperstraße, dann auf „Im Siepen" und den Scheeweg bis zum Lennepark – dem Kurpark von Schmallenberg. Die schöne Parkanlage mit Spielplatz lädt zu einer kleinen Rast ein.

Von dort geht es über den Sonnenweg am Neuen Friedhof entlang bis Grafschaft. Der Weg macht seinem Namen alle Ehre: Im Spätsommer blühen hier schöne Sonnenblumenfelder entlang der Strecke. Auch die Aussicht auf das offene Tal kann begeistern.

Das Kloster im Ortsteil Grafschaft

SCHON GEWUSST?

Das Kloster Grafschaft war von 1072 bis zur Säkularisation im Jahr 1803/04 eine Benediktinerabtei. Wirtschaftlich erlebte es seit dem 17. Jahrhundert einen Aufschwung, der im 18. Jahrhundert die Grundlage für einen kompletten Neubau des Klosters bildete. 1804 wurde das Kloster aufgelöst. Vom 19. bis zur Mitte des 20. Jahrhunderts wurde es nicht von Ordensgemeinschaften genutzt. Erst 1948 zogen die Borromäerinnen ein, deren Nachfolgegemeinschaft der schlesischen Kongregation in Grafschaft ein Mutterhaus des Ordens errichtete. Der Orden betreibt dort eine Lungenfachklinik. Der Komplex beinhaltet ein Klostermuseum.

In Grafschaft erreichen wir das Tourismus-Büro an der Hauptstraße. Auch hier lohnt sich ein Abstecher: Der Ort ist bekannt durch das Kloster Grafschaft. Wer das Kloster aber rechts liegen lassen möchte, biegt links auf die Hauptstraße ein, fährt auf dieser bis zur Abbiegung links auf die Straße „An der Almert" und folgt dann weiter der Beschilderung. Schnell geht es rechts hinauf auf den Berg, was ohne E-Bike durchaus ambitioniert sein kann. Belohnt wird die Auffahrt mit einem Fernblick über Grafschaft und einer schönen offenen Hochebene. Hier, am höchsten Punkt der Tour (516 Meter über NN), steht die futuristische Skulptur „Blinker II" als Kontrast zum Sauerländer Landleben-Image.

Die futuristische Skulptur „Blinker II", geschaffen vom vielseitigen Künstler Timm Ulrichs, ist eine lichtkinetische Installation, bestehend aus einem Stahlgerüst mit 196 beweglich eingehängten polierten Edelstahl-Spiegeln. Die einzelnen Tafeln sowie die Gesamtfläche der Lamellenwand (7,2 x 11,8 Meter) entsprechen in ihrer Proportion einer üblichen Filmleinwand. Auf ihr erzeugen Licht, Luft, Sonne und Wind sowie der sich spiegelnde Himmel und die Erde ein beeindruckendes Naturschauspiel hervor (ähnlich dem Cuxhavener Gezeiten-Objekt „Blinker I" von 1982 aus schwimmend-mobilen Wasser-Spiegeln). Errichtet wurde sie 2010.

Radeln mit Fernblick auf der Hochebene bei Grafschaft

Dort folgen wir dem Weg bis zur Hauptstraße, dann geht es nach links weiter (das Schild ist zuweilen im Gras versteckt) auf einem schmalen, unkomfortablen Radweg entlang der Galgenstraße. Hinter einer Siedlung überqueren wir die Galgenstraße (gefährlicher unübersichtlicher Übergang), passieren einige Pferdeställe und fahren in ein schönes Tal hinein. Linker Hand ist bald unten im Tal ein kleiner Weiher (Hermanns Teich) zu sehen, den wir in einer langen Schleife über die Straße „Zur Lüttecke" umfahren und später noch einmal direkt auf dem Weg nach Oberkirchen passieren. Auch hier am Teich bietet sich eine Picknick-Pause an.

Der Hermanns Teich wurde im Jahr 2015 vom Heimatverein Oberkirchen renaturiert und ausgebaut. Mit einem Steg und einem Weg rund um den Teich wurde viel Aufenthaltsqualität geschaffen. Vor allem bei Familien ist der Teich beliebt. Wasser und Natur, so das Ziel der 65.000-Euro-Investition, sollten erlebbar gemacht werden.

Wer aber lieber einen Biergarten bevorzugt, wird in Oberkirchen, das wir bald erreichen, mit seinen zahlreichen gastronomischen Einrichtungen auf seine Kosten kommen. Die offizielle Golddörfer-Radroute biegt an der Hauptstraße nach rechts zu einer Schleife über Westfeld ab. Dazu geht es zunächst entlang der Hauptstraße (nicht so gut ausgeschildert, dass man glaubt, falsch zu sein), dann führt halb links von der Straße der Weg nach Westfeld und über Inderlenne einmal um den Hirschberg zurück nach Oberkirchen. Diesen Streckenabschnitt der Golddörfer-Radroute haben wir für unsere Tour ausgespart. Um uns Zeit, Kilometer und die ansonsten größte Steigung des Tages zu ersparen.

Wer diese Westfelder Schleife wie empfohlen auslassen will und unter 40 Kilometer Streckenlänge bleiben möchte, biegt in Oberkirchen kurz vor dem Erreichen der Hauptstraße links ab und folgt den weiß-roten Radwegenetz-Schildern in Richtung Gleiddorf und Schmallenberg entlang der Lenne. Hier verläuft sich die Golddorf-Radrouten-Ausschilderung ein wenig, zunächst führt noch

Die Wassermühle im Golddorf Niedersorpe

SCHON GEWUSST?

Seit vielen Jahren wird im Sauerland unter Tage Schiefer gebrochen, unter anderem auch im Ort Bad Fredeburg im Schmallenberger Sauerland. Schiefer ist ein reines Naturprodukt. Seit der Steinzeit weiß der Mensch ihn wegen seiner besonderen Eigenschaften zu nutzen. Die Spaltbarkeit zu dünnen Platten machen ihn seit jeher zu einem bevorzugten Bedachungsmaterial. Charakteristisch für das Sauerland und seine Golddörfer sind graublaue Dächer und Wandverkleidungen aus Schiefer. Entlang der Strecke in Holthausen erläutert ein Museum Hintergründe.

Blick auf Schmallenberg

SCHON GEWUSST?

Schmallenberg ist mit 303 Quadratkilometern die flächengrößte kreisangehörige Stadt in Nordrhein-Westfalen. Die Handelsstadt an der Lenne war im Mittelalter Mitglied der Hanse. Nachweislich gab es in der Kernstadt seit dem 15. Jahrhundert Textilgewerbe. 400 Jahre später wurde die Stadt mit dem Produktionsschwerpunkt Strumpfwaren zum Zentrum der Sauerländer Textilindustrie, was der Stadt den Spitznamen „Strumpfstadt" einbrachte. Heute dominieren diverse mittelständische Unternehmen vor allem in Industrie und Handwerk. Eine wichtige Bedeutung haben aufgrund der wald- und bergreichen Lage auch die Holz- und die Tourismuswirtschaft.

Reizvolle Winkel in Schmallenberg

ein schöner Abschnitt als Höhenweg und auch durch Wald weiter. In Winkhausen gilt es dann aufzupassen, dass der Abzweig nach Niedersorpe (einmal über die Hauptstraße) nicht verpasst wird. Über die beiden letzten Golddörfer Niedersorpe und Holthausen kehren wir dann über Gleidorf in Richtung der Knotenpunkte 46 und 50 nach Schmallenberg zurück.

Wer abkürzen möchte oder wegen aufziehendem Regen muss (so etwas gibt es auch im Sauerland), bleibt in Winkhausen auf der mit den weiß-roten Schildern ausgewiesenen Strecke nach Gleidorf und Schmallenberg, erreicht dann aber nach einem weiteren Waldweg ein für das Radfahren wenig attraktives Gewerbegebiet, an dessen Ausgang am Kreisverkehr in Schmallenberg das Golddorf-Radrouten-Schild wieder auftaucht.

Tour-Infos

Gasthof Heimes-Willmes
Lennestraße 6
57392 Schmallenberg-Lenne

Schmallenberger Sauerland Tourismus
Poststraße 7
57392 Schmallenberg
Tel. 02972 97400
www.schmallenberger-sauerland.de

WEITERE AUSFLUGSZIELE:

Schieferbergbau- und Heimatmuseum Holthausen
Kirchstraße 7
57392 Schmallenberg-Holthausen
Tel. 02974 6685
www.museum-holthausen.de

Klostermuseum Grafschaft
Mutterhaus Kloster Grafschaft
Annostraße 1
57392 Schmallenberg
Tel. 02972 79100
www.krankenhaus-klostergrafschaft.de

Besichtigung/Factory Outlet Firma Falke
Ohlgasse 5
57392 Schmallenberg
Tel. 02972 974018
(Führungen für Einzelpersonen und Kleingruppen nach Anmeldungen möglich)

Café Zeit am Wasserrad (Schmallenberger Mühle)
Unterm Huckelberg
57392 Schmallenberg
Tel. 02972 9778484
oder 0171 6008082

Gasthof Restaurant Droste
Alte Poststraße 20
57392 Schmallenberg-Oberkirchen
Tel. 02975 349

Knusperhaus Oberkirchen
(nur an Wochenenden geöffnet)
Kirchstraße 2
57392 Schmallenberg-Oberkirchen
Tel. 02975 80081

TOUR 4

Versunkenes Tal:

Entspannt rund um den Lister- und den Biggesee

Die 34,3 Kilometer lange Tour führt rund um die versunkenen Täler der Lister und Bigge und garantiert einen mehr als zweistündigen Dauerblick auf den beeindruckenden und verschlungenen Biggesee im westlichen Sauerland. Die Strecke führt ausschließlich durch den Kreis Olpe und bietet neben der Seeumrundung die Möglichkeit für kleine, gut ausgeschilderte Abstecher in die Stadtzentren von Attendorn am oberen Ende und Olpe am unteren Ende des Staugewässers.

2:50 Std. | **34,3 km** | **Mittelschwere Tour mit viel Seeblick** | **480 m**

Hoch über dem See thront die Aussichtsplattform Biggeblick.

Die Tourdaten auf einen Blick

Alte Handelsstraße 57439 Attendorn-Neu-Listernohl (alternativ zahlreiche Parkplätze rund um den Biggesee)

Bahnhöfe Sondern, Attendorn und Olpe (RB 92 Biggesee-Express)

Verlängerung der Tour nach Olpe oder am Ende nach Attendorn möglich

STRECKENPROFIL

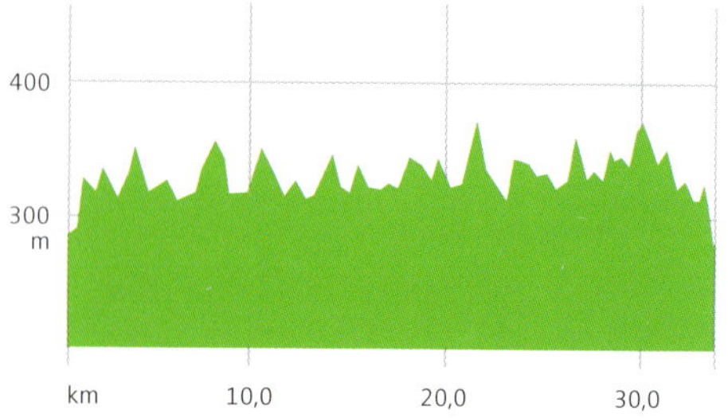

MAX. HÖHE

370 M

FAMILIEN

Die Tour ist mit Kindern gut zu fahren. Die Strecke bietet spannende Stopps für die Familie (u.a. Spielplätze am See), Strandbäder laden zur Pause ein.
Spaßfaktor:

★★★★★

GASTRO

An den touristischen See-Buchten findet sich reichlich gastronomische Infrastruktur.
Gastro-Dichte:

★★★★☆

UNTER STROM

Strecke mit einigen Steigungen, volle Akkuladung hilfreich, Ladestationen am Weg.
Schubkraft:

★★★★☆

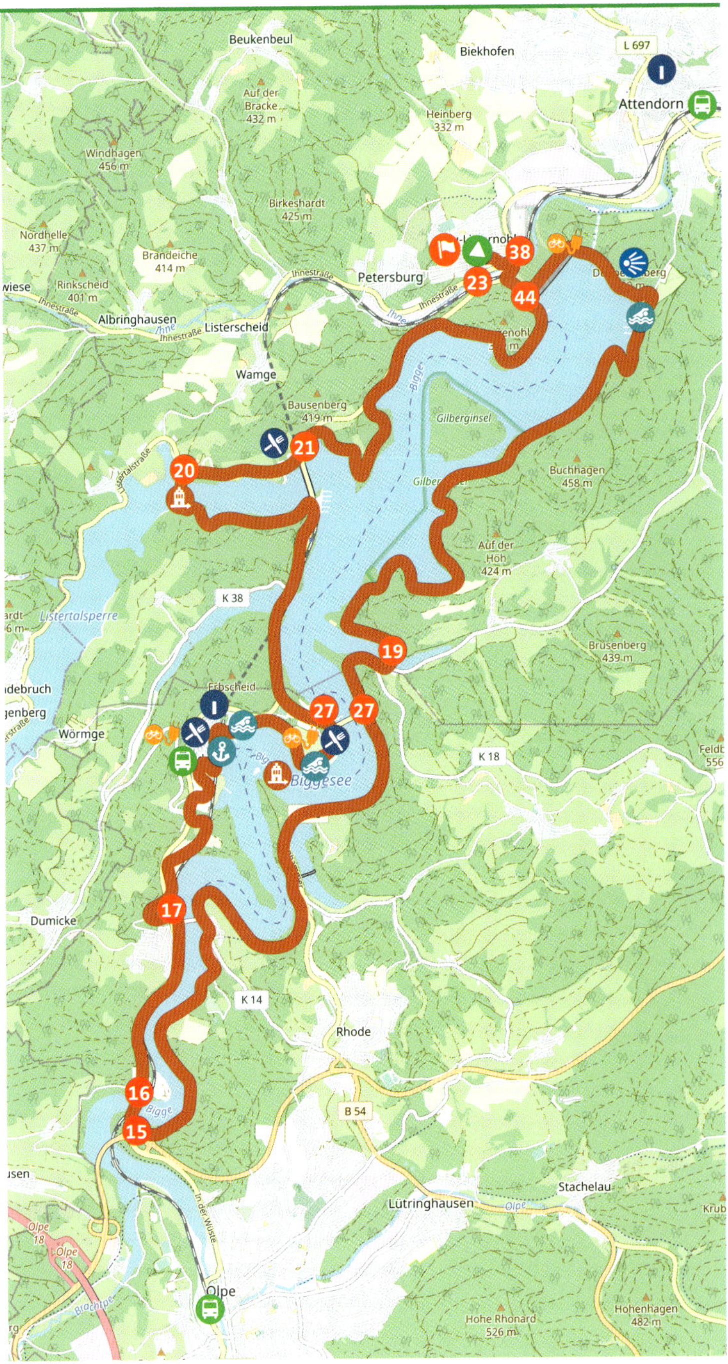
Beukenbeul
Biekhofen
L 697
Attendorn
Auf der Bracke 432 m
Heinberg 332 m
Windhagen 456 m
Birkeshardt 425 m
Nordhelle 437 m
Brandeiche 414 m
Rinkscheid 401 m
Petersburg
Ihnestraße
Albringhausen
Listerscheid
Wamge
Bausenberg 419 m
Gilberginsel
Buchhagen 458 m
Auf der Höh 424 m
Listertalsperre
K 38
Brüsenberg 439 m
Erbscheid
Wörmge
K 18
Biggesee
Dumicke
K 14
Rhode
B 54
Stachelau
Lütringhausen
Olpe
Hohe Rhonard 526 m
Hohenhagen 482 m
38
23
44
21
20
19
27
27
17
16
15

Wo ist der perfekte Einstieg für eine Rundfahrt um den Biggestausee? Eigentlich überall! Rund um den See gibt es zahlreiche Parkplätze, die sich als Startpunkt für die Tour anbieten. Eine gute Option ist aber Neu-Listernohl nahe des Biggestaudamms an der oberen Spitze des Sees (Knotenpunkt 44). Von hier nehmen wir die gut ausgeschilderte Strecke zum Biggestaudamm, der über eine 300 Meter lange Rampe zu erreichen ist. Hier ist schon zu erahnen, welche Vielfalt an Buchten und gefluteten Seitentälern der Biggesee vorhält. Zur Orientierung helfen bei dieser Tour die Knotenpunkt-Beschilderungen.

Rund um den Biggesee hilft auch das Knotenpunktsystem bei der Orientierung.

Der Biggestausee ist von der Fläche her der zweitgrößte Stausee in Nordrhein-Westfalen. Mit 8,76 Quadratkilometer Wasserfläche ist er kleiner als der Möhnesee (10,67 km²), fasst allerdings mehr Wasser als die Möhne. 1956 verabschiedete der Landtag von Nordrhein-Westfalen ein Gesetz für die Finanzierung der Biggetalsperre. Am 1. August 1956 trat das Biggetalsperrengesetz in Kraft. Danach waren Stadtwerke verpflichtet, von jedem Wasserabnehmer im Versorgungsgebiet 1,2 Pfennig je Kubikmeter bezogenen Wassers als sogenannten „Biggepfennig" zur Finanzierung des Talsperrenbaus einzuziehen. Diese Regel galt bis 2009. Der Bau der Biggetalsperre begann im Jahre 1956 und wurde 1965 beendet. Frühere nicht umgesetzte Planungen stammen aus den 1930er-Jahren. Die Biggetalsperre reguliert über Bigge und Lenne den Wasserzufluss zur Ruhr.

Unsere Tour wählt die Nordseite des Sees für die Hinfahrt. Wir umrunden in einem Birkenwald den Berg Langenohl und haben den See nun zur Linken. Nach 1,2 Kilometern erreichen wir die Landstraße, der wir auf dem Radweg bergauf folgen. Oben angekommen biegen wir auf eine neuerliche Biggeschleife rechts ab und fahren mit Blick auf das steil abfallende Ufer auf einem schönen Radweg durch den Wald.

Wieder erreichen wir die Landstraße (Knotenpunkt 21), die wir nach wenigen Metern an einer Ampel kreuzen und uns auf den Weg zur Listertalstaumauer machen. Hinter dieser öffnet sich der Listersee als älterer und höher angestauter Seitenarm des Biggesees. Unsere Tour führt über die Staumauer und an deren Ende nach links (Knotenpunkt 20). Nach dieser Schleife kehren wir zurück zur Landstraße, auf der es zunächst über eine der vielen Brücken des Sees und erneut bergauf bis zu einem Kreisverkehr geht.

Die Listertalsperre wurde in den Jahren von 1909 bis 1912 erbaut. Die Talsperre staut den Fluss Lister bei Hunswinkel. Ein britischer Luftangriff auf die Staumauer im Rahmen der „Operation Chastise" in der Nacht vom 16. auf den 17. Mai 1943 war nicht erfolgreich gewesen. Die Originalmauer ist somit, wenn auch saniert, immer noch zu bestaunen. Heute ist die Listertalsperre ein Seitenarm der 1965 errichteten Biggetalsperre. Sie hat einen Stauinhalt von 21,6 Millionen Kubikmetern bei einer maximalen Wassertiefe von 33,90 Metern.

Dort fahren wir nach links abwärts entlang eines Campingplatzes und biegen kurz vor einer Brücke (Knotenpunkt 27) wieder rechts ab und umrunden den Sonderner Kopf. Die lange Schleife endet schließlich in der Bucht von Sondern – dem Heimathafen der Biggeseeschiffsflotte. Hier findet sich touristische Infrastruktur mit See-Stufen, See-Promenade, Strandbad, öffentliche WC-Anlagen und sogar einem Bahnhof.

Die Kapelle „Zur schmerzhaften Mutter" über der Bucht von Sondern

Der Radwegebeschilderung folgend geht es hinauf zur kleinen Kapelle „Zur schmerzhaften Mutter" in Hanemicke, die hoch über dem See thronend in Sondern ein beliebtes Fotomotiv ist. Der Radweg führt zu einem neuen Knotenpunkt (17), an dem wir rechts abbiegen, eine Brücke durchfahren und eine Schleife hinauf rechts zurück zur Landstraße fahren. Dieser folgen wir, bis wir erneut eine Seebrücke überfahren, an deren Ende der Radweg links abzweigt und auf den Seeweg stößt (Knotenpunkt 15). Dort haben wir die Wahl: nach links noch einen knapp drei Kilometer langen Abstecher nach Olpe zu unternehmen oder rechts den Rückweg zum Ausgangspunkt einzuschlagen.

SCHON GEWUSST?

Olpe zählt rund 24.500 Einwohner und ist seit 1819 Kreisstadt. Der Reichtum an Wald, Erz und Wasser waren Grundlagen für die wirtschaftliche Entwicklung der Stadt, in der heute mittelständische und überregional tätige Betriebe verschiedener Branchen die Stützpfeiler des wirtschaftlichen Geschehens sind. Hierzu gehören metallverarbeitende Betriebe, Maschinenfabriken sowie Betriebe für elektronische Erzeugnisse.

Den Biggesee kann man auf Radwegen komplett umrunden.

SCHON GEWUSST?
Attendorn ist mit 24.000 Einwohnern nur wenig kleiner als die beiden größten Städte im Kreis Olpe, Lennestadt und Olpe. Die Wirtschaft der Stadt ist industriell geprägt, vor allem das metallverarbeitende Gewerbe ist historisch gewachsen und bietet auch heute noch die meisten Arbeitsplätze. Attendorn trägt auch den Titel Hansestadt, die im historischen Sinne durch überregionalen Handel geprägt war. Zu den imposantesten Gebäuden zählt die Burg Schnellenberg.

So beeindruckend der erste Teil der Strecke schon war – der Rückweg auf der südöstlichen Seeseite ist noch schöner, weil wir nun so gut wie nicht mehr straßenbegleitend, sondern direkt am autoverkehrsfreien Seeufer fahren können. Wir bleiben nun immer auf dieser Seeseite, lassen eine erste Staubrücke links liegen (hier gibt es auch einen schönen Picknickplatz), umfahren eine Landnase und nehmen dann einen längeren Anstieg, der an seinem höchsten Punkt mit einem Bank- und Aussichtsensemble belohnt. Immer wieder finden sich interessante Infotafeln am See: Unter dem Motto „Versunkenes Tal" werden alte Bilder von den Ortschaften, Straßen und Häusern gezeigt, die bis zur Flutung des Sees an der jeweiligen Stelle zu sehen gewesen waren.

Von hier rollen wir weiter, erreichen erneut eine Landstraße, überfahren eine weitere Brücke und lassen den See dann nur noch auf unserer linken Seite. Auch an der nächsten Brücke (Knotenpunkt 27) fahren wir weiter geradeaus. Die Landstraße in Richtung Bremge verlässt die Tour nach einer weiteren Schleife nach links über einen Damm. An dessen Ende (Knotenpunkt 19) geht es links weiter auf ein weiteres landschaftlich äußerst reizvolles Streckenstück, auf dem wir die Gilberginsel

Die Aussichtsplattform „Biggeblick" ragt hoch über den Biggesee. Sie beschert den Besuchern auf 90 Meter Höhe einen unvergleichlichen Ausblick auf den Biggesee mit der Gilberginsel. Im Jahr 2013 wurde der Aussichtspunkt als besonderes touristisches Ziel freigegeben. Die Plattform ist vom Strandbad Waldenburg zu Fuß oder mit dem Rad oder auch von Attendorn aus zu erreichen. Die Adresse lautet Waldenburger Bucht 11, 57439 Attendorn.

Immer wieder bieten sich am Ufer des Biggesees neue Perspektiven.

Asphaltiert auf Straßen/Radwegen oder abseits der Straßen:
100:0

Belebte Strecken/ einsame Wege:
40:60

Entdecken/Abschalten, Entspannen:
30:70

passieren. Seit der Flutung des Biggesees ragt die Bergspitze als unbewohnte Insel aus dem Wasser heraus.

Das in einer Bucht gelegene Strandbad Waldenburg ist ein letzter „touristischer Hotspot" vor den letzten Metern bis zum Biggedamm. Von hier führt auch der Weg hinauf zur futuristischen Aussichtsplattform „Biggeblick", von der aus auf 90 Meter Höhe weit über den verzweigten See geschaut werden kann. Wer lieber auf Seeniveau auf das Wasser schaut, findet wenig später auf dem Biggedamm einen herrlichen Abschlussblick. Die Tour kann hier noch leicht um wenige Kilometer ins nahe Stadtzentrum von Attendorn verlängert werden – ansonsten geht es zurück zum Ausgangspunkt in Neu-Listernohl.

Tour-Infos

E-Bike-Verleih Krämer
Fliederweg 6
57462 Olpe-Sondern

Bootshaus Goldener Löwe
Seeweg 7
57462 Olpe

Restaurant Café see:sicht
Talbrücke Sondern 7
57462 Olpe

Infopavillon an der neuen Seepromenade
57462 Olpe-Sondern

Leuchtturm am Biggesee
Am Biggedamm 9
57439 Attendorn

Tourismusverband Biggesee-Listersees
Schüldernhof 17
57439 Attendorn
Tel. 02722 6579240
www.biggesee-listersee.com

WEITERE AUSFLUGSZIELE:

Burg Schnellenberg
Schnellenberg 1, 57439 Attendorn
Tel. 02722 6940
www.burg-schnellenberg.de

Atta-Höhle (Tropfsteinhöhle)
Finnentroper Straße 39, 57439 Attendorn
Tel. 02722 93750
www.atta-hoehle.de

Personenschifffahrt Biggesee
Anlegenstelle am Biggedamm
Strandweg 45 und Talbrücke Sondern 1
57462 Olpe-Sondern
Tel. 02761 96590
www.biggesee.de (Fahrradtransport möglich)

Schnütgenhof Panorama-Restaurant-Café

Listertalstraße 4
57439 Attendorn
Tel. 02722 7502
www.schnuetgenhof.de

Restaurant Café see:sicht

Talbrücke Sondern 7
57462 Olpe
Tel. 02761 65288

Restaurant Café Seeterrassen

Strandweg 1
57462 Olpe
Tel. 02761 61452
www.seeterrassen-biggesee.de

TOUR 5

Hoch hinaus:

Rund um den Kahlen Asten

Bei dieser Tour geht es auf das Dach des Sauerlands – auf den bekanntesten Berg der Region. Die 23 Kilometer lange Runde führt einmal herum und zwischendurch auch auf den Kahlen Asten. Die durchaus anspruchsvolle Strecke verläuft vorwiegend auf Waldwegen durch bezaubernde Natur. Mit dem E-Bike aber ist sie problemlos zu bewältigen. Zeit zum Genießen sollte eingeplant werden. Zudem ist eine kleine Verlängerung mit Abstecher nach Winterberg möglich.

2:10 Std.

22,2 km (mit Abstecher nach Winterberg plus 7 km hin und zurück)

Anspruchsvolle Tour mit viel Naturerlebnis

450 m

Auf dem Dach des Sauerlands – der Kahle Asten

Die Tourdaten auf einen Blick

Parkplatz Schwedenhang Historischer Pfad 59955 Winterberg-Altastenberg

Bahnhof Winterberg (3,5 km vom Start entfernt), Verbindungen von Hagen, Dortmund und Kassel

Verlängerungsoption über Westfeld mit Tour 3

STRECKENPROFIL

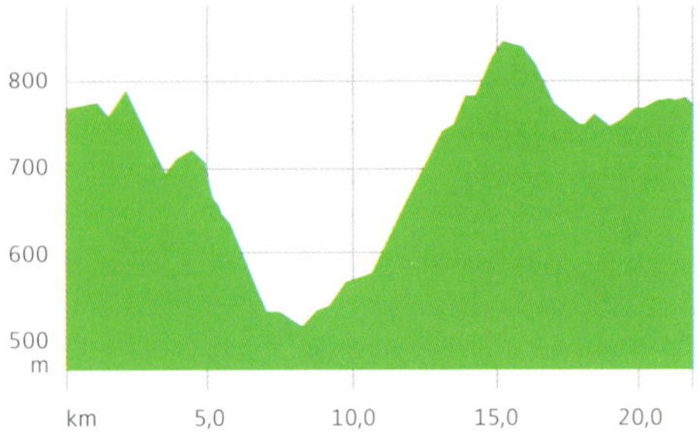

MAX. HÖHE

840 M

FAMILIEN

Die Tour ist mit älteren und ausdauernden Kindern gut zu fahren. Der lange Anstieg zum Kahlen Asten bedarf Kondition.

Spaßfaktor: ★☆☆☆☆

GASTRO

In Altastenberg, Westfeld, Lenneplätze, auf dem Kahlen Asten und beim Abstecher in Winterberg gibt es reichlich gastronomische Angebote.

Gastro-Dichte: ★★★☆☆

UNTER STROM

Strecke mit einer strammen Steigung, volle Akkuladung hilfreich, Ladestationen am Weg.

Schubkraft: ★★★★★

Heidelandschaft auf dem Kahlen Asten

Als Startpunkt für diese Tour empfiehlt sich Altastenberg. Der Parkplatz am Schwedenhang bietet bereits eine großartige Aussicht und gibt einen Vorgeschmack auf das, was uns auf dieser kleinen, aber feinen Strecke erwartet: Natur pur.

Das Golddorf Altastenberg ist Start- und Zielort der Tour.

SCHON GEWUSST?

Das Skiliftkarussell Winterberg bietet 27,5 Pistenkilometer mit 29 Liften. Die Pisten werden beschneit und in der Regel besteht von Dezember bis Ostern die Möglichkeiten zum Skifahren. Auch Flutlicht-Skifahren wird angeboten. Ein Pionier unter den Skifahrern war Oberförster Hagemann, der 1889 als erster die Ski in Winterberg benutzte. Mit dem Anschluss von Winterberg an das Eisenbahnnetz im Jahr 1906 kam dann der Wintertourismus ins Sauerland und es wurden die ersten Skiklubs gegründet (www.skilift-karussell.de).

Wir verlassen den Parkplatz in Richtung Astenstraße, fahren dort nach rechts zum Sonnenhang, der kurz nach dem Ortseingang mit seinen Liftanlagen zu sehen ist. Hier biegt rechts eine kleine Landstraße nach Westfeld ab. Wir nehmen die Abfahrt, verlassen die Straße aber schon in der ersten Kehre und folgen der rot-weißen Radwegbeschilderung in den Wald hinein. Auf einem gut

Auf gut befahrbaren Waldwegen geht es rund um den Kahlen Asten.

befahrbaren Waldweg führt die Tour mit leichtem Gefälle den Hang entlang bis zu einer Kreuzung an der kleinen Waldsiedlung Jagdhütten.

Hier hilft leider kein Radwegschild mehr weiter. Wir fahren an der lichten Hauptkreuzung nach rechts und kurz hinter einem Haus zu unserer Linken links auf den Weg in Richtung Ohlenbach. Auf einem Höhenweg mit einem tollen Ausblick erreichen wir zunächst eine Weggabelung, an der wir uns rechts halten, und eine Hotelanlage. Wir fahren auch danach nach rechts und biegen an einer Wegekreuzung erneut rechts ab. Der Weg führt nun bergab – später in einer großen Serpentine – in Richtung Talstraße.

Im Tal queren wir einen Bach und halten uns an einem Hof links. Straßenbegleitend führt hier ein schmaler Fuß- und Radweg durch das Bachtal, bis wir den Ortseingang von Westfeld erreichen. Lohnenswert ist auf jeden Fall eine kleine Rundtour durch das Dorf, allein schon wegen des urigen und liebevoll geführten Café Backes. Ansonsten

Asphaltiert auf Straßen/Radwegen oder abseits der Straßen:
10:90

Belebte Strecken/ einsame Wege:
25:75

Entdecken/Abschalten, Entspannen:
25:75

biegen wir hier direkt an der Skihütte des nordrhein-westfälischen Skilanglaufzentrums Westfeld nach links ab. Ein Radwegschild weist uns den Weg entlang des sich rechts erstreckenden oberen Lennetals.

Der Weg nach Westfeld führt durch ein schönes Tal.

Forstwege in Hanglage ermöglichen einen guten Weitblick.

Es beginnt ein außergewöhnlich schöner und zunächst gemächlich ansteigender Streckenabschnitt. Wir folgen nun konsequent der am Kahlen Asten entspringenden Lenne (allerdings gegen die Fließrichtung), umfahren den Homberg (696 m) und bleiben auf dem rot-weiß aus-

Die Wetterstation mit Gastronomie auf dem Kahlen Asten

geschilderten Radweg in Richtung Lenneplätze. Im zweiten Teil wird der Weg durch das Tal steiler – was mit dem E-Bike problemlos zu bewältigen ohne Motor aber schon etwas ambitionierter ist. Am Ende des Waldwegs erreichen wir die Siedlung Lenneplätze, halten uns dort rechts in Richtung Lennequellen und Kahler Asten.

Die Tour führt hier schon oberhalb von Neuastenberg am Hang entlang. Wer mag kann nach rechts bergab fahren und sich den eher beschaulichen Luftkur- und Wintersportort mit einem allerdings spannenden Wintersportmuseum ansehen, das auf einer Fläche von etwa 250 Quadratmetern die Geschichte des Wintersports im Sauerland zeigt. Der direkte Weg führt aber an einer Wegekreuzung nach links weiter hinauf in Richtung Kahler Asten. Diesen steuern wir geradewegs über den weiter leicht ansteigenden Waldweg an, bis sich am Ende die Heidelandschaft auf dem Gipfel mit der Wetterstation und der Gastronomie am Kahlen Asten zeigt. An klassischen Ausflugstagen kann es hier sehr voll sein. Das aber, weil es schön

SCHON GEWUSST?

Der Kahle Asten, bei Winterberg gelegen, ist nach dem Langenberg und dem Hegekopf mit 841,9 Metern der dritthöchste Berg im Rothaargebirge und nach dem eher unbekannten Langenberg (843,2 Meter) der zweithöchste Berg in Nordrhein-Westfalen. Auf dem Berg befinden sich die Quellen von Lenne- und Odeborn sowie ein Hochheidegebiet. Vom Astenturm hat man einen hervorragenden Blick auf das Rheinische Schiefergebirge. Bei gutem Wetter sind sogar der Große Feldberg im Taunus und die Wasserkuppe in der Rhön zu erkennen. Der Deutsche Wetterdienst betreibt auf dem Kahlen Asten eine Wetterstation.

Einladung zur Pause

ist und es sich unbedingt lohnt. Denn wer im Sauerland unterwegs ist, sollte den Kahlen Asten gesehen haben. Hier können wir das Rad auch abstellen und zu Fuß rund 600 Meter zu den nahen und ausgeschilderten Lennequellen gehen.

Nach dem Stopp auf dem Gipfelplateau nehmen wir den Weg zurück zu den Lenneplätzen, biegen aber nach dem Verlassen des Waldes links auf die kleine Straße ab und machen uns auf den Weg in Richtung Winterberg. Nach etwas mehr als einem Kilometer kommen wir auf die aus Neuastenberg kommende Straße, der wir etwas über einen Kilometer folgen.

Die Lennequelle auf dem Kahlen Asten ist auf über 830 Meter über Normalnull gelegen und damit die höchste Quelle des Sauerlands. Sie ist ein beliebtes Ziel von Wanderern. Glasklares, kaltes Wasser sprudelt gut zehn Meter unter dem Gipfel aus dem Berg heraus. Hier nimmt die Lenne ihren Anfang, die durch das Schmallenberger Sauerland und den Kreis Olpe in Richtung Ruhrgebiet fließt. Die Lenne ist der wichtigste Nebenfluss der Ruhr. Nach etwa 130 Kilometern mündet sie bei Dortmund in den großen Fluss.

Weit reicht der Blick auf dem Kahlen Asten.

SCHON GEWUSST?

Winterberg ist ein Wintersportort und die „Hauptstadt" der Tourismusregion Sauerland. Er ist für seine Skipisten sowie Fuß- und Radwege in den umliegenden Bergen bekannt – und das nicht in Deutschland, sondern vor allem in den Niederlanden. Die Beliebtheit bei Touristen aus dem Nachbarland macht sich im Stadtbild und den Werbeschildern bemerkbar. Winterberg ist auch ein Ort wichtiger Sportstätten wie die St.-Georg-Schanze auf dem Herrloh und die international bei Weltcups, Europa- und Weltmeisterschaften befahrenen Bobbahn in der Veltins-Eisarena.

In einer Kurve biegt nach links durch einen Tunnel die Straße in Richtung Altasteneberg ab – durch einen kleinen nebenstehenden Tunnel führt der Rad- und Fußweg. Wir können die Runde hier abschließen oder aber den rund 3,5 Kilometer langen Abstecher in Richtung des Wintersportorts Winterberg unternehmen.

Wie auch immer: Am Ende geht es durch besagte Tunnel zurück zum Ausgangspunkt. Wir halten uns rechts der Straße auf dem Rad- und Wanderweg, der sich bald von der Straße entfernt und in einer kleinen Schleife nach Altastenberg führt (dafür müssen wir an der ersten offensichtlichen Weggabelung links in Richtung eines Spielplatzes fahren). Auf der Dorfstraße angekommen geht es nach links, am Tourismusbüro vorbei zur Astenstraße, wo wir schon unseren Startpunkt gegenüber sehen können.

Tour-Infos

Tourist-Information Winterberg
Am Kurpark 4
59955 Winterberg

Eco Tap Charging Station
Neuastenberger Straße 15
59955 Winterberg-Neuastenberg

Tourist-Information Winterberg
Am Kurpark 4
59955 Winterberg
Tel. 02981 92500
www.winterberg.de

Verkehrsverein Altastenberg
Renauweg 23
59955 Winterberg-Altastenberg
Tel. 02981 1241
www.altastenberg.de

Verkehrsverein Neuastenberg
Winterberger Straße 9
59955 Winterberg-Neuastenberg
Tel. 02981 565
www.neuastenberg.de

Café Backes

Lennestraße 1
57392 Schmallenberg-Westfeld
Tel. 02975 1065
www.cafe-backes.de

Berggasthof „Die Glocke“

Lenneplätze 5
59955 Winterberg
Tel. 02981 7346
www.gasthof-die-glocke.de

Restaurant Astenturm

Astenturm 1
59955 Winterberg
Tel. 02981 2636

WEITERE AUSFLUGSZIELE:

Westdeutsches Wintersportmuseum Winterberg
Neuastenberger Straße 19
59955 Winterberg
Tel. 02981 920229
www.skimuseum-winterberg.de

TOUR 6

Im Upland:

Ein schönes Stück Diemelradweg

Er gehört zu den schönsten Flussrouten für Zweiradfreunde – der Diemelradweg. Für eine Tagestour ist die 111 Kilometer lange Gesamtstrecke nicht nur zu weit, sondern vor allem zu schön. Unsere knapp 41 Kilometer lange Fahrt startet im Waldecker Upland, dem in Hessen liegenden Teil des Sauerlands, und führt von Usseln unweit der Diemelquelle entlang des jungen Flusses bis zum Diemelsee. Nach einer Umrundung fahren wir zurück.

2:40 Std.	40,9 km	Mittelschwere Tour in herausragender Landschaft	390 m

Eingebettet im Grünen – der Diemelsee

Die Tourdaten auf einen Blick

Freibad Usseln
Sportstraße 4
34508 Willingen-Usseln

Bahnhof Willingen
(6 km vom Start entfernt)

Verlängerung des Diemelradwegs flussabwärts in Richtung Marsberg möglich

STRECKENPROFIL

MAX. HÖHE
590 M

FAMILIEN

Die Tour ist für ausdauernde Kinder geeignet, die Strecke bietet vor allem am See Stopps für die Familie (u. a. Spielplätze, Badestellen, Visionarium oder Schifffahrt).
Spaßfaktor:

★★★★☆

GASTRO

Ab dem Start in Usseln wird es einsam, am Diemelsee konzentriert sich die Gastronomie auf Heringhausen.
Gastro-Dichte:

★★★☆☆

UNTER STROM

Die Strecke führt auf der Rückfahrt flussaufwärts und somit ansteigend, volle Akkuladung beruhigt, Ladestationen zur Hälfte am Weg.
Schubkraft:

★★★☆☆

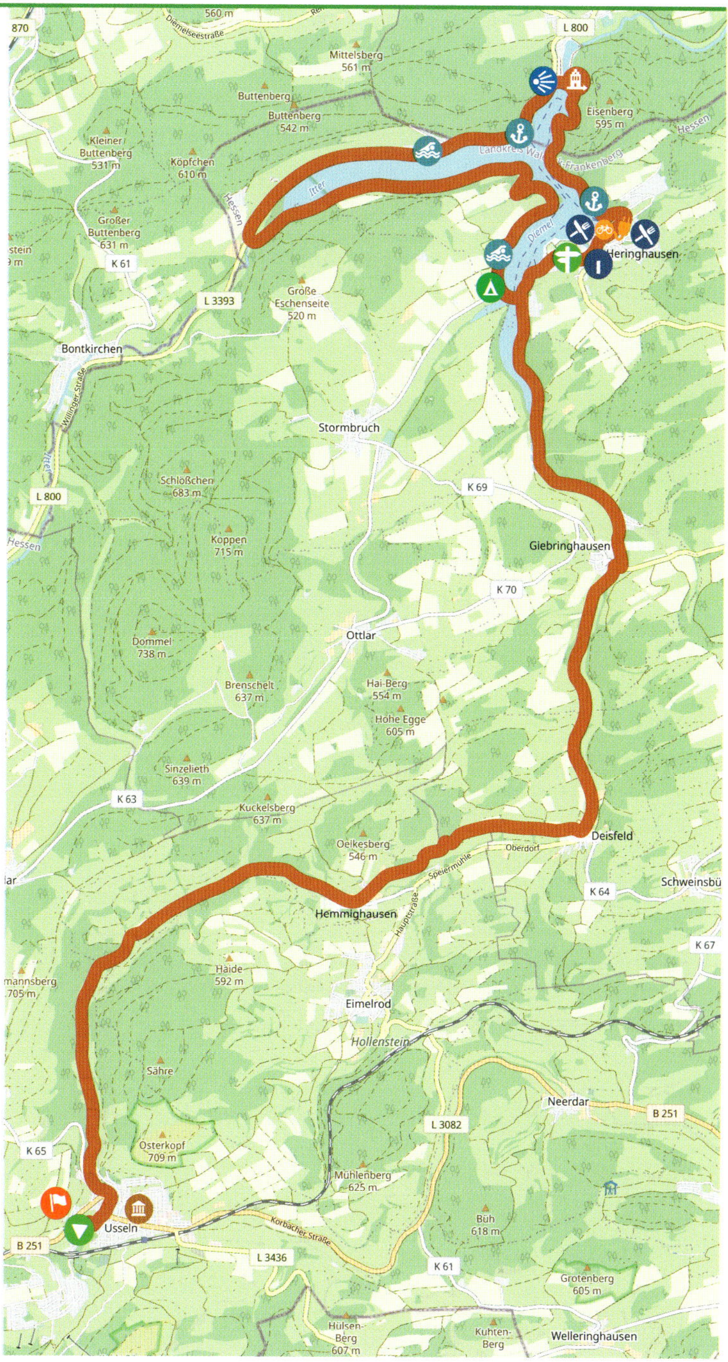
Mittelsberg 561 m
Buttenberg
Buttenberg 542 m
Kleiner Buttenberg 531 m
Köpfchen 610 m
Großer Buttenberg 631 m
Eisenberg 595 m
Heringhausen
Große Eschenseite 520 m
Bontkirchen
Stormbruch
Schlößchen 683 m
Koppen 715 m
Giebringhausen
Ottlar
Dommel 738 m
Brenschelt 637 m
Hai-Berg 554 m
Hohe Egge 605 m
Sinzelieth 639 m
Kuckelsberg 637 m
Oeikesberg 546 m
Deisfeld
Hemmighausen
Schweinsbü
Haide 592 m
Eimelrod
Hollenstein
Sähre
Neerdar
Osterkopf 709 m
Mühlenberg 625 m
Büh 618 m
Usseln
Grotenberg 605 m
Hülsen-Berg 607 m
Kuhten-Berg
Welleringhausen
L 800
L 3393
K 61
K 69
K 70
K 63
K 64
K 67
K 65
B 251
L 3082
L 3436

Los geht unsere Tour am Freibad in Usseln direkt am Diemelradweg. Wem es noch an Proviant mangelt, könnte vorab einen Abstecher in das „Milchmu(h)seum" machen. Wir empfehlen diesen Besuch aber zum Abschluss der Tour. Vom Freibad aus folgen wir dem Fluss in Richtung Ortsmitte, die wir nach einer Straßenquerung schnell verlassen. Ab jetzt sind wir inmitten der bezaubernden Landschaft des Naturparks Diemelsee und rollen auf gut ausgebauten und leicht zu befahrenden Wegen zum See.

SCHON GEWUSST?

Die Diemel ist ein 110,5 Kilometer langer Fluss, der nur 300 Meter hinter der Grenze zu Nordrhein-Westfalen in Nordhessen entspringt. Er ist der südlichste Zufluss der Weser nach dem Zusammenfluss von Fulda und Werra. Die Diemel mündet in Bad Karlshafen in die Weser.

Das Milchmu(h)seum in Usseln

Das Schöne: Die Fahrt ist ganz entspannt, weil wir uns nicht verfahren können. Entlang der Diemel erreichen wir fernab aller Straßen den kleinen Ort Hemminghausen und kurz danach Deisfeld. Hier verlassen wir die Ortschaft erneut links in das Diemeltal in Richtung Giebringhausen und kommen nach weiteren 1,5 Kilometern bereits zum unteren Zipfel des Diemelsees.

Noch ehe wir den See-Hauptort Heringhausen durchfahren, biegen wir nach links über eine Brücke ab, an deren Ende wir rechts auf ein Campingplatz- und Strandbadgelände fahren. Auf diesem Streckenabschnitt kann es an Ferien- und Sommertagen zu etwas mehr Betrieb kommen. Wenn die „Campingstraße" (Seebrücke) den See nach links verlässt, bleiben wir auf dem unbefestigten Weg am Ufer und befinden uns nun schon auf der rund 13 Kilometer langen Seeumrundung.

Auch hier ist nicht viel falsch zu machen: Zu genießen ist der Blick auf den gegenüberliegenden Ort

Die Diemeltalsperre mit ihrer typischen Architektur diente nie der Trinkwassergewinnung, sondern hatte zusammen mit der Edertalsperre die Aufgabe, bei niedriger Wasserführung der Weser das Speisungswasser für den Mittellandkanal zu liefern, das aus der Weser in den Mittellandkanal gepumpt wurde. Außerdem sollte das von den beiden Talsperren abgegebene Wasser bei Niedrigwasser die schlechten Fahrverhältnisse für die Schifffahrt auf der Oberweser verbessern. Die Diemelstaumauer und das Kraftwerkgebäude stehen heute unter Denkmalschutz. Die Baupläne stammen noch aus der Kaiserzeit, in der der Ausbau des deutschen Binnenwasser-Straßennetzes und damit auch der Bau der wasserzuführenden Talsperren beschlossen wurde. Der Bau begann 1912, wurde im Ersten Weltkrieg aber unterbrochen und erst 1919 fortgeführt. Die Fertigstellung der Staumauer erfolgte 1924.

Heringhausen mit seinen touristischen Infrastrukturen. Nach dem Umfahren zweier Landnasen erreichen wir schon den Punkt, an dem am See das Itter- und das Diemeltal aufeinandertreffen. Der Uferweg ist unbefestigt und kann nach Regentagen auch schon einmal etwas rutschig sein. Wenn sich das Ende des Sees und die Einmündung der Itter nähern, ist im Wald noch einmal eine kleine Steigung zu nehmen, von der es dann hinab ins Ittertal zu einer kleinen Brücke geht. An der Landstraße entlang fahren wir auf dem Radweg in Richtung Diemelstaumauer. Kurz zuvor passieren wir noch den Hauptanleger der Diemelschifffahrt MS Muffert mit touristischen Angeboten vom Snack bis zum Bootsverleih. Auf der Diemelstaumauer lässt sich das Ausmaß des Sees auf der einen und die Tiefe des Tals auf der anderen Seite erkennen. Die Mauer und das talwärts stehende Pumpenhaus aus Bruchstein bilden ein imposantes Staubauwerk-Ensemble. Wer sich hier länger aufhalten möchte, kann über dem talwärts liegenden Wanderparkplatz „Am Weiher" die Aussichtsplattform Diemeltalsperre erreichen.

Asphaltiert auf Straßen/Radwegen oder abseits der Straßen:
60:40

Belebte Strecken/ einsame Wege:
30:70

Entdecken/Abschalten, Entspannen:
30:70

Infotafeln erklären in Heringhausen alles Wissenswerte über den Stausee.

Der Blick aus dem oberen Diemeltal auf den Diemelstausee

Entlang der Landstraße setzen wir die Umrundung fort – auf sicheren Radwegen, die immer wieder Pausen- und Aussichtsplätze bieten. Für einen längeren Stopp empfiehlt sich der Ort Heringhausen mit seinen zahlreichen Cafés, Restaurants und Biergärten mit Seeblick. Unterhalb der Straße lädt eine neue Seepromenade zum Verweilen ein (allerdings ist hier das Radfahren nicht erlaubt). Das Fahrgastschiff MS Muffert bietet einstündige Rundfahrten an.

Zur Rückfahrt halten wir uns weiter an die Seeseite und erreichen bald wieder die Brücke, an der unsere Umrundung begann. Nun geht es auf die rund 13 Kilometer lange Schlussetappe – zwar stetig flussaufwärts, aber mit geringer Steigung ist das für einen halbwegs geübten Radfahrer auch ohne E-Motor-Unterstützung absolut kein Problem. In Usseln kann der Tag im „Milchmu(h)seum" oder in einem der Gasthöfe ausklingen.

Das „Milchmu(h)seum wurde im Jahr 2002 gegründet. Rund 13.000 Besucher kommen jährlich ins Museum im Gebäude der einstige „Upländer Gebirgsmolkerei", die 1898 aus einem Zusammenschluss von 35 Upländer Milchbauern entstand. Nach der Schließung der Molkerei im Jahre 1995 gründete eine Gruppe von Landwirten und Umweltschützern die Upländer Bauernmolkerei GmbH, in der heute jährlich über 40 Millionen Liter Biomilch verarbeitet werden. In dem „Milchmu(h)seum" wollen sie über die Geschichte und Zukunft der Milchproduktion aufklären. Angeschlossen sind ein Café und ein Bioladen (Korbacher Straße 6, 34508 Willingen-Usseln, Tel. 05632 922222 www.muhseum.de).

Tour-Infos

Diemelsee Tourist-Information
Kirchstraße 9
34519 Diemelsee-Heringhausen

Diemelsee Tourist-Information
Kirchstraße 9
34519 Diemelsee-Heringhausen
Tel. 05633 91133

Arbeitskreis Diemelradweg
Bäckerstraße 8
34431 Marsberg
Tel. 02992 8200
www.diemelradweg.de

WEITERE AUSFLUGSZIELE:

MS Muffert (Diemelsee-Fähre)
Hauptanleger Am See 8
34431 Marsberg-Helminghausen
Tel. 02991 6441
www.seerundfahrten-diemelsee.de

Visionarium Diemelsee
Kirchstraße 6
34519 Diemelsee-Heringhausen
Tel. 05633 91133
www.diemelsee.de/visionarium

Gaststätte Seeblick Heringhausen

Auf dem Kampe 3
34519 Diemelsee
Tel. 05633 5261
www.gaststaette-seeblick.de

Diemelsteighütte

Siekesweg 1
34519 Diemelsee
Tel. 05633 2699965
www.diemelsteighuette.de

Restaurant Kupferpfanne Usseln

Hochsauerlandstr. 1
34508 Willingen-Usseln
Tel. 05632 7089

TOUR 7

Alles im Fluss:

Entlang von Elpe, Valme und Ruhr

Wer im Sauerland rastet, die Stille genießt und mal genau hinhört, wird immer Wasserrauschen vernehmen. Gewässer spielen im Landschaftsbild eine große Rolle und prägen die Gestalt der Täler. Unsere Tour folgt den Läufen zweier typischer Mittelgebirgsflüsse, die nahe beieinander in der Ruhr münden. Von Olsberg geht es bald flussauf entlang der Elpe, später das Valmetal hinab und an der Ruhr zurück zum Start. Eine Tour, die mit schöner Landschaft und einem Stück Industriegeschichte zu überzeugen weiß.

2:45 Std.	41 km	Anfangs etwas anspruchsvolle, ansonsten gemäßigte Tour, oft auf einsamen Kreisstraßen durch Flusstäler	360 m

Die Ruhr bei Olsberg

Die Tourdaten auf einen Blick

**Parkplatz Konzerthalle Olsberg
Ruhrstraße 32
59939 Olsberg**

Bahnhof Olsberg/Bigge, Obere Ruhrtalbahn/ Linien RE 17 und RE 57 (mit Fahrradtransport) ab Hagen und Dortmund

Kombination mit diversen Abschnitten des Ruhrtalradwegs

STRECKENPROFIL

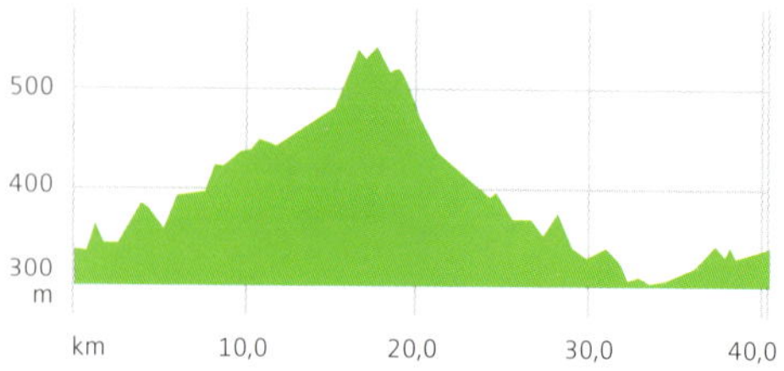

MAX. HÖHE
540 M

FAMILIEN

Die Strecke ist nur mit verkehrstüchtigen Familienmitgliedern zu fahren. Aufgrund der langen kontinuierlichen Steigung im ersten Streckenabschnitt ist ohne E-Bike auch etwas Ausdauer erforderlich.
Spaßfaktor:

★★☆☆☆

GASTRO

In den Orten gibt es gute sauerländische Gastronomien, dazwischen ist hingegen viel Niemandsland.
Gastro-Dichte:

★★★☆☆

UNTER STROM

Die Strecke hat eine lang anhaltende Steigung zu Beginn, der Akku sollte also gut geladen sein, Ladestationen unterwegs sind vorhanden.
Schubkraft:

★★★☆☆

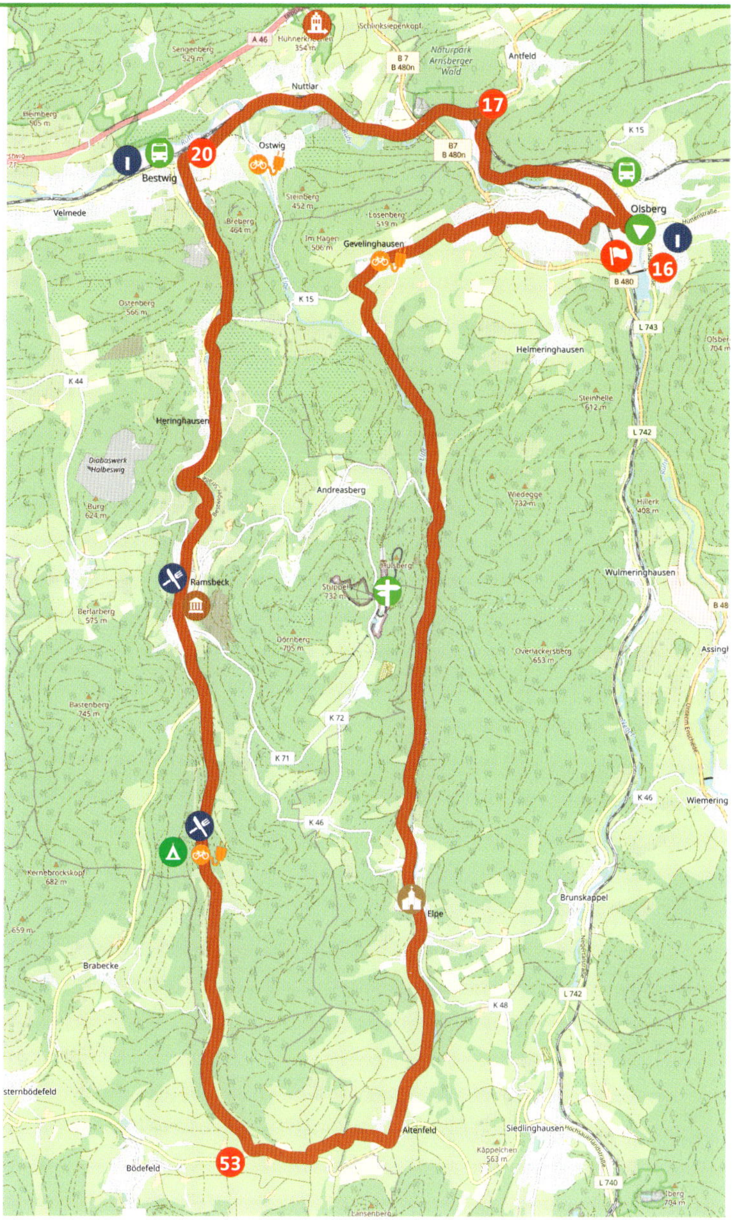
Hühnerkrechen
354 m
Schlinksiepenkopf
Naturpark Arnsberger Wald
Antfeld
Sengenberg
529 m
Nuttlar
Heimberg
505 m
Ostwig
Bestwig
Velmede
Olsberg
Steinberg
452 m
Losenberg
519 m
Brieberg
464 m
Im Hagen
506 m
Gevelinghausen
Ostenberg
566 m
Helmeringhausen
Steinhelle
612 m
Heringhausen
Diabaswerk Halbeswig
Andreasberg
Wiedegge
732 m
Burg
624 m
Hillerk
408 m
Ramsbeck
Wulmeringhausen
Stüppel
732 m
Berlarberg
575 m
Dörnberg
705 m
Overlackersberg
653 m
Bastenberg
745 m
Wiemering
Kernebrockskopf
682 m
Elpe
Brunskappel
Brabecke
Altenfeld
Siedlinghausen
Käppelchen
563 m
Bödefeld
Iberg
704 m
16
17
20
53

Die Tour startet in direkter Nähe zum Wasser. Ein guter Ausgangspunkt für die Flusstour sind die Parkplätze im Bereich der Konzerthalle Olsberg direkt an der Ruhr. Die 15.000-Einwohner-Kommune ist eine Gemeinde im Ruhrtal, die für den Hochsauerlandkreis in Teilen die Funktion eines Mittelzentrums einnimmt. Vom Parkplatz aus fahren wir über die Hauptstraße nach rechts in Richtung Westen durch den Ortsteil Bigge. Am zweiten Kreisverkehr nehmen wir die dritte Ausfahrt bergan in Richtung Gevelinghausen. Auf der Kreisstraße passieren wir den Ort, bis wir kurz hinter dem Schloss Gevelinghausen links auf die Straße in Richtung Elpe fahren.

Hier beginnt die über 7,5 Kilometer lange Auffahrt nach Elpe. Es geht stets bergauf, mit einer durchschnittlichen Steigung von 1,5 Prozent ist das aber gut machbar. Schnell wird der gleichnamige Fluss auf der rechten Seite sichtbar. In Wig-

SCHON GEWUSST?

Das Sauerland speist durch mehrere große Flüsse direkt und indirekt den Rhein und die Weser. Die fünf längsten Flüsse aus dem Sauerland sind die 219 Kilometer lange Ruhr, Sieg (155 km) und Lahn (245 km) als Rheinzuflüsse sowie die Eder (176 km) und die Diemel (110 km), die letztendlich die Weser speisen. Die diese Tour dominierende Valme entspringt auf der Hunau und mündet in Bestwig in die Ruhr (20 km), die nahezu parallel verlaufende Elpe hat ihre Quelle in Siedlinghausen und fließt der Ruhr in Ostwig zu (19 km).

Die Dorfkirche von Elpe

geringhausen zweigt die Straße nach Andreasberg ab, unsere Tour führt aber weiter durch das schöne Elpetal. Von der recht einsamen Kreisstraße bieten sich immer wieder schöne Blicke auf die Elpe, die sich im Stile eines typischen Mittelgebirgsbachs durch den Wald entlang der Straße windet.

Im 600-Seelen-Dorf Elpe, das bundesweit in die Schlagzeilen geriet, als hier im Juni 2014 ein Learjet 35 abstürzte, überragt die weiße St.-Lucia-Kirche die meisten anderen Gebäude. Kurz hinter der Kirche teilt sich die Straße. Wir halten uns rechts in Richtung Altenfeld, während die Kreisstraße weiter nach Siedlinghausen und Winterberg führt. Über die Elper Straße wird ein letzter 2,8 Kilometer langer moderater Anstieg genommen (2,3 %).

In Altenfeld biegt die „Drei-Flüsse-Tour" nach rechts auf die Bödefelder Straße und nach wenigen Metern sofort rechts den weiß-roten Radwegschildern folgend auf landwirtschaftliche Wege ab. Vorbei an Stallungen fahren wir über offenes Feld, passieren einen kleinen Fischteich und weiter geht es auf dem Weg, bis wir die Landstraße wieder erreichen. Auf dieser rollen wir weiter bis zum Abzweig in Richtung Ober- und Untervalme und Ramsbeck.

Das Valmetal ist erreicht – und somit der zweite Fluss dieser Tour. Den topografischen Höhepunkt der Strecke verlassen wir hier und fahren nun rund 4,5 Kilometer bergab (2,3 %) auf der wenig befahrenen Straße bis zum Campingplatz Valmetal. Die Valme sucht sich hier ihren Weg durch Wiesen. Enger wird das Tal erst wieder, kurz bevor wir an einer Wassermühle die Landstraße von Bestwig nach Bödefeld bei Ramsbeck erreichen.

Asphaltiert auf Straßen/Radwegen oder abseits der Straßen:
90:10

Belebte Strecken/ einsame Wege:
50:50

Entdecken/Abschalten, Entspannen:
35:65

Das Besucherbergwerk Ramsbeck ist eines der großen touristischen Anlaufstellen des Sauerlands und zeigt die Geschichte des Ramsbecker und Sauerländer Erzbergbaus. Zwischen den Jahren 2013 und 2015 wurde eine Dauerausstellung im Kauen- und Verwaltungsgebäude von 1953 neu gestaltet. Präsentiert werden neben Ausstellungsstücken (u. a. Maschinen sowie Mineraliensammlungen), interaktive Stationen (Feuersetzen, Maschinenleitstand) und ein Film. Mit der originalen Grubenbahn können Besucher 1,5 Kilometer weit in den Berg fahren und 300 Meter unter Tage erzählen erfahrene Bergleute von ihrer damaligen Arbeit. Zu sehen ist auch die zum Bauzeitpunkt weltgrößte Untertagefördertrommel. Seit 2019 wird das Besucherbergwerk als Station in der Themenroute „Geschichte und Gegenwart der Ruhr" der Route der Industriekultur aufgeführt. In Betrieb war das Bergwerk von den Anfängen im Jahr 1518 bis zur Schließung 1974 (Glück-Auf-Straße 3, 59909 Bestwig-Ramsbeck, Tel. 02905 250, www.sauerlaender-besucherbergwerk.de).

Weiter bergab fahren wir durch das vom Bergbau auch baulich geprägte Ramsbeck und biegen am Ehrenmal für Kriegsgefallene links auf die ausgeschilderte Radstrecke ab, die direkt zum Besucherbergwerk Ramsbeck führt. Hier empfiehlt sich auf jeden Fall ein Stopp. Das bergbauhistorische Museum bietet eine kurzweilige Abwechslung zum Radfahren.

Nach der Besichtigung des Museums folgen wir der Radwegbeschilderung und erreichen über eine kleine Holzbrücke einen Steinbruch und fahren ab dort auf einer ehemaligen Bahntrasse („Am Bähnchen") durch Heringhausen. Auf der Trasse geht es entlang der Valme bis nach Bestwig – im oberen Teil ist der Weg allerdings unbefestigt, erst kurz vor dem Ort ist er asphaltiert. Alternativ führt auch die parallel verlaufende Landstraße direkt hinunter nach Bestwig (Knotenpunkt 20).

In Bestwig erreichen wir das Ruhrtal und fahren ein Stück auf dem Ruhrtalradweg durch den Ort zunächst kurz in Richtung Ostwig (an der Bundesstraße entlang oder alternativ auf einem höher gelegenen Radweg, an dessen Ende wir aber wieder direkt links zur Hauptstraße abbiegen) und Nuttlar (Knotenpunkt 18). Rechts fließt die Ruhr, links oberhalb am Hang zieht sich entfernt die Autobahn 46 durch das Tal.

Die Ruhr in Olsberg – der Fluss wird in einem Park erlebbar.

SCHON GEWUSST?

Der 240 Kilometer lange Ruhrtalradweg ist inzwischen einer der bekanntesten Fernradwege in Nordrhein-Westfalen. Die Route beginnt an der Ruhrquelle (674 m über NN) bei Winterberg, führt aus dem Hochsauerland hinab ins sich ab Olsberg weit öffnende Ruhrtal und von dort weiter in die Ballungsräume des Ruhrgebiets bis zur Mündung in den Rhein in Duisburg (17 m über NN). Kein anderer Fluss in Deutschland verbindet Industriekultur und Natur auf so engem Raum. 260.000 Radfahrer werden jährlich auf dem Ruhrtalradweg gezählt (www.ruhrtalradweg.de).

Den Autobahnzubringer auf einer großen Brücke unterquert unsere Route, die zunächst weiter in Richtung Brilon auf dem Radweg bleibt, ehe kurz vor Antfeld auf einen Übergang über die Bundesstraße zu achten ist. Hier weist uns ein Radwegschild (Knotenpunkt 17) den Weg nach Bigge und Olsberg (Knotenpunkt 16). Jetzt heißt es gut auf die Beschilderung achten, die uns über eine kleine Bergnase direkt an die Ruhr führt. Hier bringt uns der Radweg direkt durch einen Park zum Ausgangspunkt an der Konzerthalle Olsberg.

Die Talbrücke Nuttlar ist eine Brücke der Bundesautobahn 46 über das Tal des Schlebornbachs (Nebenfluss der Ruhr) bei Nuttlar. Sie ist mit 115 Metern Höhe die höchste Brücke in Nordrhein-Westfalen. Das im Grundriss gekrümmte Bauwerk ist insgesamt 660 Meter lang. Die Breite beträgt 28,60 Meter. Der Überbau ist eine Stahlverbundkonstruktion. Es wurden sechs Pfeilerpaare errichtet. Die Pfeiler sind maximal 108 Meter hoch. Der Schlebornbach wird an der höchsten Stelle bei 115 Metern überbrückt. 2019 wurde der Autobahnabschnitt zur Verlängerung der Autobahn 46 in Richtung Brilon als wichtiges Verkehrsprojekt für die Wirtschafts- und Touristikregion Sauerland freigegeben.

Tour-Infos

Landhotel am Schloss
Kreisstraße 2
59939 Olsberg

Landgasthof Rüppel
Valme 4
59909 Bestwig

Flair Hotel Nieder
Hauptstraße 19
59909 Bestwig

Tourismus Brilon Olsberg GmbH
Ruhrstraße 32
59939 Olsberg
Tel. 02962 97370
www.tourismus-brilon-olsberg.de

Touristinformation Bestwig
Bundesstraße 139
59909 Bestwig
Tel. 02904 712810
www.hennesee-sauerland.de

Landgasthof Rüppel
Valme 4
59909 Bestwig
Tel. 02905 774
www.edelsteinhotel-sauerland.de

Schlemmerstube „Zur Lore"
Glück-Auf-Straße 3
59909 Bestwig
Tel. 0171 7826670

Das kleine Kartoffelhaus zur Nikolausklause
Kirchstraße 3
59939 Olsberg
Tel. 02962 7358901
https://kartoffelhaus-olsberg.jimdofree.com

WEITERE AUSFLUGSZIELE:

Fort Fun (Freizeitpark)
Aurorastraße 50
59909 Bestwig
Tel. 02905 810
www.fortfun.de

TOUR 8

Talfahrt:

Zwischen Alme und Möhne

Diese abwechslungsreiche „Talfahrt" führt von der sauerländischen Stadt Brilon bis in den Kreis Paderborn. Entlang von Möhne, Alme und zurück geht es auf recht einsamen Wegen durch zwei sehr unterschiedliche Täler. Wir fahren auf einer 40 Kilometer langen Runde schöne Passagen des Almetal-Radwegs von Brilon nach Schloß Neuhaus/Paderborn und des Möhnetalradwegs von Brilon nach Neheim.

3:00 Std.

39,4 km

Mittelschwere Tour auf Wirtschafts-, Wald- und Radwegen sowie einigen Straßenabschnitten

450 m

Der Petrusbrunnen auf dem Marktplatz von Brilon

Die Tourdaten auf einen Blick

Bahnhof Brilon-Stadt
Bahnhofstraße
59929 Brilon

Bahnhof Brilon-Stadt, Obere Ruhrtalbahn/Linien RE 17 und RE 57 (mit Fahrradtransport) ab Hagen und Dortmund

Kombination mit Tour 6 sowie Möhnetalradweg von Brilon nach Neheim und Almetal-Radweg von Brilon nach Schloß Neuhaus/ Paderborn

STRECKENPROFIL

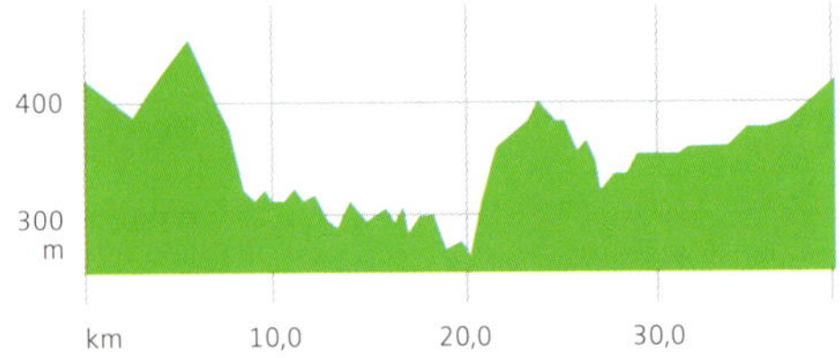

MAX. HÖHE
470 M

FAMILIEN

Mit kleineren Kindern ist die Tour nur bedingt zu fahren, einige Straßenabschnitte bedürfen absoluter Verkehrssicherheit.
Spaßfaktor: ★★☆☆☆

GASTRO

In Brilon zum Abschluss warten zahlreiche Gastroangebote, auf der Strecke ist eher Einsamkeit angesagt.
Gastro-Dichte: ★★★☆☆

UNTER STROM

Strecke mit einigen Steigungen, Akku sollte voll geladen sein, keine Ladestation am Weg.
Schubkraft: ★★☆☆☆

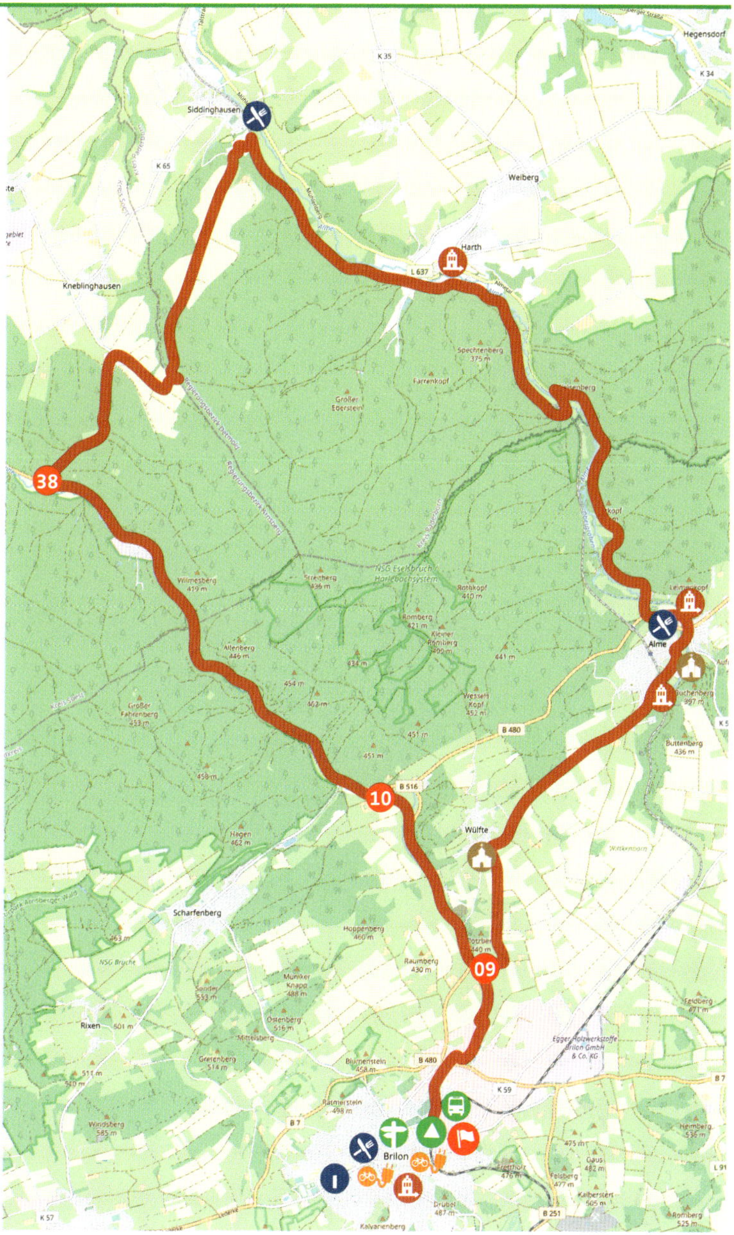
Hegensdorf
K 35
K 34
Siddinghausen
K 65
Weiberg
Harth
L 637
Kneblinghausen
Spechtenberg
375 m
Farrenkopf
Großer
Ederstein
38
Regierungsbezirk Detmold
Regierungsbezirk Arnsberg
Kreis Paderborn
NSG Eselsbruch
Wilmesberg
419 m
Streitberg
436 m
Rotekopf
410 m
Romberg
421 m
Kleiner
Romberg
409 m
Allenberg
446 m
434 m
441 m
Alme
Buchenberg
397 m
454 m
462 m
Wessel
Kopf
452 m
Großer
Fahrenberg
453 m
B 480
451 m
Buttenberg
436 m
451 m
458 m
10
B 516
Wülfte
Hagen
462 m
Scharfenberg
Hoppenberg
460 m
463 m
NSG Bruche
Raumberg
430 m
09
Munker
Knapp
488 m
Feldberg
471 m
Rixen
501 m
Ostenberg
516 m
Mittelsberg
Grotenberg
514 m
Egger Holzwerkstoffe
Brilon GmbH
& Co. KG
Blumenstein
458 m
B 480
B 7
511 m
540 m
K 59
Ratmerstein
498 m
B 7
Windsberg
585 m
Heimberg
536 m
475 m
Gaus
482 m
Brilon
Frettholz
476 m
Felsberg
477 m
L 91
Kalberstert
505 m
Drübel
487 m
K 57
B 251
Romberg
525 m
Kalvarienberg

Ein guter Startpunkt für die Tour ist der Bahnhof in Brilon, da hier ausreichend Parkmöglichkeiten bestehen. Von dort geht es nach Norden hinaus aus der Stadt. Wir folgen den rot-weißen Radwegschildern in Richtung Rüthen und Alme. Durch ein kleines Siedlungs- und Gewerbegebiet, rechts am Friedhof vorbei, verlassen wir nach Queren der „Bleikaule" und des Ostrings den Ort und fahren entlang der ab der Kläranlage oberirdisch fließenden Möhne auf einem Radweg stadtauswärts.

SCHON GEWUSST?

Brilon ist mit über 25.000 Einwohnern die viertgrößte Stadt des Hochsauerlandkreises und zählt zu den Städten in Deutschland mit dem größten kommunalen Waldbesitz. Erstmalig urkundlich erwähnt wird Brilon 973, um 1220 verlieh ihr Erzbischof Engelbert von Köln die Stadtrechte. Brilon gedieh als Handels- und Bergbaustadt, wurde aber häufig durch Kriege in der Entwicklung zurückgeworfen. Heute ist die Stadt vor allem ein Ort der mittelständischen Wirtschaft, der auch „Hidden Champions" mit Weltruf wie das 1927 gegründete Familienunternehmen Hoppecke Batterien beherbergt.

Die St.-Anna-Kapelle in Wülfte

Wir bleiben auf dem Radweg bis zu einer Teilung der Strecke auf der Straße „Fünf Brücken". Dort geht es geradeaus weiter ins Möhnetal. Unsere Tour führt am Knotenpunkt 9 nach rechts, wo es einen ersten langen Anstieg zu nehmen gilt, ehe wir dann den zweiten möglichen Abzweig nach links in Richtung Wülfte wählen. Über einen Kilometer weiter bergauf führt uns die Strecke bis zur Kapelle in Wülfte. Schon hier lohnt ein Blick zurück – bei gutem Wetter öffnet sich nach Süden die Briloner Hochebene.

An der St.-Anna-Kapelle in Wülfte biegen wir nach rechts auf die Straße „Am Kapellenstein" ab, die uns geradewegs über eine offene Hochebene – typisch für das Briloner Umland – in Richtung Alme führt. Später geht die Straße in die Ludgerusstraße über. Auf dieser bleiben wir unbeirrt, bis sich talwärts schon der Ort Alme zeigt. Sowohl die Obere Bahnhofstraße (nach links) als auch „Zur Tinne" (nach halb rechts) ignorieren wir und rollen stattdessen in den Ort Alme hinein.

Erst in einer scharfen Linkskurve verlassen wir die Straße nach rechts weiter bergab über den Kreuzweg bis zur Straße „Zum Mühlental" – hier ist auch der kurze Weg zu den nahen Almequellen ausgeschildert. Wer diese nicht anschauen möchte, fährt weiter in Richtung Friedhof und St.-Ludgerus-Kirche in Alme.

Asphaltiert auf Straßen/Radwegen oder abseits der Straßen:
70:30

Belebte Strecken/einsame Wege:
40:60

Entdecken/Abschalten, Entspannen:
35:65

Die St.-Ludgerus-Kirche in Alme

Die Almequellen gelten als Naturdenkmal. Beim Briloner Dorf Alme tritt das Gewässer in Form von Überlaufquellen an die Oberfläche. Ein künstlich aufgestauter Karstquellteich gilt als die Hauptquelle – insgesamt gibt es aber 104 Einzelquellen. Die Alme fließt durch das Almetal bis nach Paderborn (Schloß Neuhaus), wo sie in die Lippe mündet.

Von der Kirche fahren wir dorfauswärts nach rechts über die Untere Bahnhofsstraße und Schlossstraße bis zur Wünnenberger Straße (Knotenpunkt 8), die wir kreuzen, um zum Schloss Alme zu gelangen.

Am Eingang des Wasserschlosses geht es nach links über die Schlossstraße weiter zurück auf die Wünnenberger Straße, die wir nach wenigen Metern nach rechts auf die Landstraße 637 durch das Almetal in Richtung Harth verlassen. Hier wird die Straße nicht von einem Radweg begleitet und bahnt sich in weiten Schwüngen ihren Weg durch das Tal. Landschaftlich ist dieser

Streckenabschnitt sehr beeindruckend – das allerdings wissen auch Motorradfahrer und andere motorisierte Ausflügler zu schätzen.

Kurz vor dem Erreichen des Ortes Harth verlässt die Tour die Landstraße. An einer Wassermühle mit vorliegendem Teich führt der Radweg über eine lang gezogene ansteigende Linkskurve in den Wald hinein. Bei der ersten Wegkreuzung

Das dreigliedrig aufgebaute Gebäudeensemble von Schloss Alme imponiert und ist in Privatbesitz. Ein Blick in den Innenhof ist aber immer möglich. Das heutige Schloss wurde auf dem Besitz der ab 1506 gebauten Burg Niederalme errichtet. Die Ritterfamilie von Meschede ließ in der ersten Hälfte des 18. Jahrhunderts ein barockes Wasserschloss planen. Ältere Teile der Burg wurden mit einbezogen. Heute gehört die Anlage den Grafen von Spee. Im Zentrum des Ensembles steht das Herrenhaus. Direkt neben dem Schlossgelände befindet sich das Restaurant „Almer Schlossmühle", das sich ebenfalls im Besitz des Grafen von Spee befindet.

fahren wir rechts auf dem Radweg (Bahnradweg) durch den Wald weiter nach Ringelstein. Rechts vom Weg können wir schon Gleisreste der ehemaligen Almetalbahn erkennen.

!

SCHON GEWUSST?

Durch das Almetal fuhr von 1901 bis in die 1970er-Jahre die Almetalbahn. Die Strecke verband Paderborn mit Brilon für den Güter- und Personennahverkehr. Angebunden an die Bahn war zwischen 1936 bis 1945 auch die Luftmunitionsanstalt Harth, weshalb die Strecke im Zweiten Weltkrieg auch häufig Ziel von Tieffliegern wurde. Die Bahnlinie ist rund 60 Kilometer lang. Heute gibt es wieder Bemühungen für eine Reaktivierung der Strecke.

An der Wassermühle verlässt die Strecke die Straße und führt in den Wald.

In Ringelstein ist Geschichte zu erleben – entweder in der Burgruine Ringelstein oder auch an den verbliebenen Resten einer ehemaligen Munitionsfabrik. Tafeln am Wegesrand informieren über den Ringelsteiner Wald. Im Wald und später mit zunehmenden Blick auf die offenen Almwiesen fahren wir kurz darauf über die Ritterteichstraße in Richtung Siddinghausen.

Das 1000-Einwohner-Dorf Siddinghausen gehört schon zur Stadt Büren im Kreis Paderborn. Ein kleiner Stopp im Golddorf lohnt, um ein typisch westfälisches Dorf zum Beispiel beim Picknick auf einer Mauer zu erleben.

Die Tour führt aber nicht zwingend durch den Ort, denn bald nach den ersten Häusern in Siddinghausen leitet uns ein Weg scharf links direkt hinter einem Haus fast schon serpentinenartig bergauf. Für rund 800 Meter gibt es ordentlichen

Druck auf die Oberschenkel – zu absolvieren ist eine stramme Steigung. Auf dem Höhenzug angekommen bleiben wir auf dem Weg und fahren geradewegs über eine offene Fläche, vorbei an einem Hofensemble, genießen die Sicht auf dem Plateau und erreichen schließlich einen Wald. Hier führt der Weg hindurch, bis er schließlich auf den querverlaufenden Rüthener Weg trifft, wo wir rechts und später noch einmal rechts über den „Schüttelhorst" in Richtung Kneblinghausen fahren.

Schnell erreichen wir eine Straße mit abknickender Vorfahrt, wo wir auf unserer gewählten Route links hinab in das Möhnetal fahren. Auf diesem kleinen Abschnitt mit starkem Gefälle gibt es ebenfalls keinen Radweg. Schnell, nach rund 1,8 Kilometern, ist aber das Möhnetal und die Briloner Straße erreicht.

Die oft von Autos zu schnell befahrene Straße müssen wir kreuzen, um auf den Möhnetalradweg zu kommen. Hier fahren wir links in Richtung Brilon jetzt nur noch auf dem Radweg, dem wir fast zehn Kilometer folgen. Rechts von unserer Route entwickelt das Möhnetal mit Auenlandschaft und Blumenwiesen bereits seinen Charme.

Wo heute die Ruine Ringelstein zu sehen ist, stand einst die im 12. Jahrhundert von den Edelherren von Büren errichtete gleichnamige Burg. Lange war diese aber nicht von Bedeutung. Das Ende der Burg war in der zweiten Hälfte des 14. Jahrhunderts besiegelt. Die Burg bestand fast ausschließlich aus einem Wohnturm. In den gesicherten Ruinen sind noch zwei Stockwerke erkennbar.

SCHON GEWUSST?

Die Möhne entspringt in der Briloner Hochfläche, fließt durch Brilon zum Teil oberirdisch als „Hundebecke", zum Teil durch die Kanalisation, ehe sie an der Kläranlage Brilon wieder auftaucht. Ihren Namen trägt sie erst ab dem Zufluss der Aa nördlich von Brilon. Durch das Möhnetal fließt der insgesamt 65 Kilometer lange Fluss in den Kreis Soest hinein, durch Warstein bis zum Möhnesee. Von der 1912 fertiggestellten Möhnestaumauer nimmt der Fluss seinen Weg zur Mündung in die Ruhr in Neheim. Das Möhnetal, durch das auch ein Flussradweg führt, besticht durch schöne lichte Auenwälder und blumenbunte Talwiesen.

An dieser Stelle erreicht die Route den Möhnetalradweg.

Kurz nachdem der Radweg die Briloner Straße kreuzt, führt die Tour zurück auf die „Fünf Brücken". Wir kommen genau an die Stelle, wo wir auf dem Hinweg in Richtung Wülfte und Alme abgebogen sind. Auf dem schon bekannten Weg geht es zurück zum Ausgangspunkt am Briloner Bahnhof.

Der Briloner Marktplatz ist das Herzstück der Stadt. In seiner Mitte steht der Petrusbrunnen, der früher wichtig für die zentrale Wasserversorgung der Briloner gewesen war. Hier endete eine hölzerne Wasserleitung von einer nie versiegenden Quelle am nahen Poppenberg. In der Mitte der Brunnenschale befindet sich ein lebensgroßes Petrusstandbild aus dem 16. Jahrhundert. Der Brunnen in heutiger Gestalt stammt aus dem Jahr 1726, als die Brunnenschale erneuert und mit 23 Sandsteinplatten mit Wappendarstellungen verziert wurden.

Der Ausflug sollte hier aber nicht enden. Es empfiehlt sich mit dem Rad oder zu Fuß den Abstecher in die Stadt zum nahen Marktplatz zu machen, wo neben diversen Gastronomieangeboten auch das Museum Haus Hövener wartet.

Tour-Infos

Haus Hövener Brilon (Innenhof)
Am Markt 14
59929 Brilon

Tourist-Information Brilon
Derkere Str. 10 a
59929 Brilon

Tourist-Information Brilon
Derkere Str. 10 a
59929 Brilon
Tel. 02961 96990
www.tourismus-brilon-olsberg.de

WEITERE AUSFLUGSZIELE:

Museum Haus Hövener
Am Markt 14
59929 Brilon
Tel. 02961 96 33 99 01
www.haus-hoevener.de

Almer Schlossmühle
Schloßstraße 13
59929 Brilon
Tel. 02964 9451430
www.almer-schlossmuehle.de

Gasthof „Zur schönen Aussicht"
Brüggenweg 15
33142 Büren-Siddinghausen
Tel. 02951 3447
www.schoene-aussicht-siddinghausen.de

Restaurant Jägerhof
Am Markt 11
59929 Brilon
Tel. 02961 987740
www.derjaegerhof.de

TOUR 9

Der Kontrast:

Seeblick & Gipfelglück

Das macht das Sauerland aus: Die Region lebt von ihren Gegensätzen. Hier trifft gesunde mittelständische Wirtschaft auf Natur und Tourismus, hier blühen Tradition und Visionen, hier wechseln Rummel und Einsamkeit und hier liegen Seeblick und Gipfelglück nur ein paar Kilometer auseinander. Ebenso abwechslungsreich ist die Tour, die vom Sorpesee hinauf ins Skigebiet Wildewiese führt.

3:00 Std. | **41,5 km** | **Vielseitige Tour mit Seeblick und Aussicht** | **530 m**

Der Sorpesee ist Start und Ziel der Radtour.

Die Tourdaten auf einen Blick

Parkplatz Sorpedamm
Zum Sorpedamm
59846 Sundern-Langscheid

Bahnhof Neheim-Hüsten (16 km vom Start entfernt), von dort mit Fahrradbus-Linie Soest-Sundern bis Hachen (ca. 4,5 km vom Start entfernt)

Kombination mit Röhrtal-Radweg über Hachen nach Hüsten (Anschluss Ruhrtal-radweg)

STRECKENPROFIL

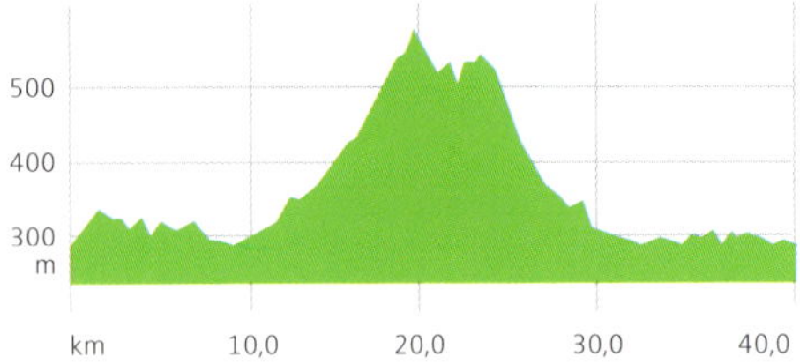

MAX. HÖHE
580 M

FAMILIEN

Für jüngere Kinder könnte die Tour zu anstrengend sein, sobald es in die Berge geht. Die Seeabschnitte sind für kleine Radler allerdings sehr attraktiv – insbesondere der Airlebnisweg in Amecke.
Spaßfaktor: ★★★☆☆

GASTRO

Sowohl der See als auch das Bergziel überzeugen mit vielseitiger Gastronomie.
Gastro-Dichte: ★★★★★

UNTER STROM

Die Strecke hat ordentliche Steigungen, der Akku sollte gut geladen sein, Ladestationen am Weg.
Schubkraft: ★★★★★

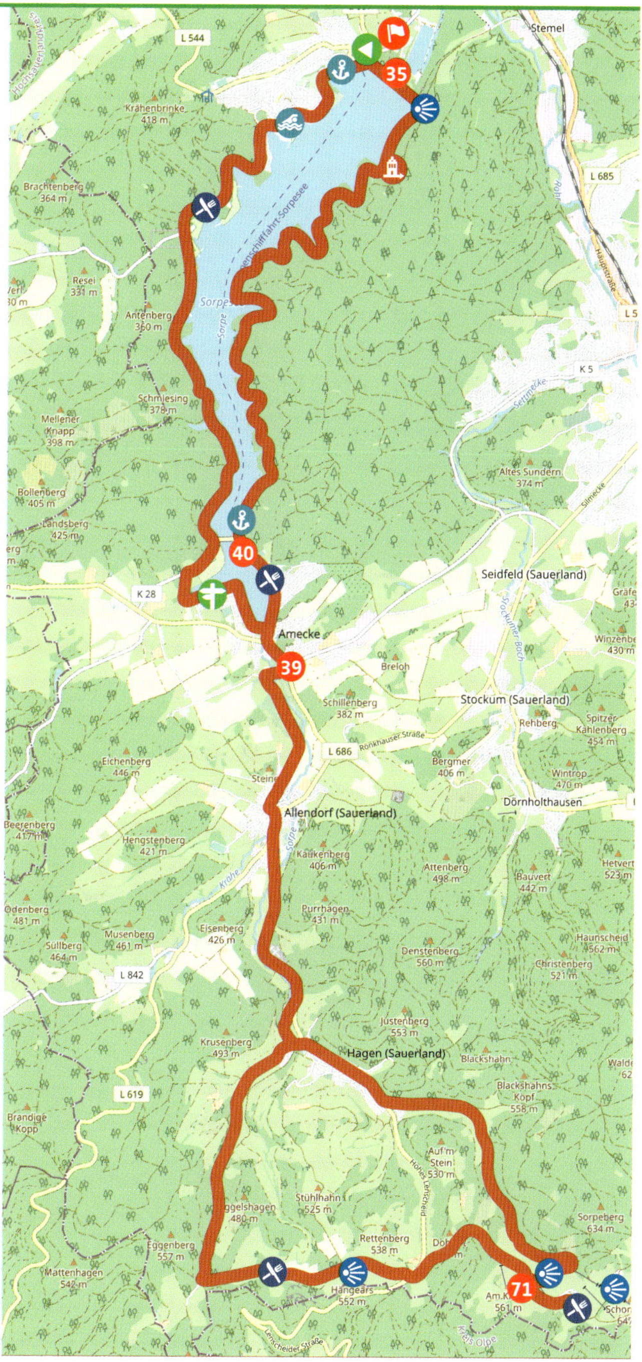
L 544
Stemel
35
Krähenbrinke 418 m
L 685
Brachtenberg 364 m
Personenschifffahrt Sorpesee
Resei 331 m
Antenberg 360 m
Sorpesee
Sorpe
K 5
Schmiesing 378 m
Mellener Knapp 398 m
Altes Sundern 374 m
Bollenberg 405 m
Landsberg 425 m
40
K 28
Seidfeld (Sauerland)
Amecke
39
Breloh
Schillenberg 382 m
Stockum (Sauerland)
Rehberg
Spitzer Kahlenberg 454 m
L 686
Ronkhauser Straße
Eichenberg 446 m
Bergmer 406 m
Wintrop 470 m
Allendorf (Sauerland)
Dörnholthausen
Beerenberg 417 m
Hengstenberg 421 m
Kaukenberg 406 m
Attenberg 498 m
Bauvert 442 m
Hetvert 523 m
Odenberg 481 m
Purrhagen 431 m
Eisenberg 426 m
Musenberg 461 m
Süllberg 464 m
Densterberg 560 m
Haunscheid 562 m
Christenberg 521 m
L 842
Justenberg 553 m
Krusenberg 493 m
Hagen (Sauerland)
Blackshahn
Blackshahns Kopf 558 m
L 619
Brandige Kopp
Auf'm Stein 530 m
Stühlhahn 525 m
Sorpeberg 634 m
Rettenberg 538 m
Eggenberg 557 m
Mattenhagen 542 m
71
Hangears 552 m
Lenscheider Straße

Eines vorweg – an heißen Sommer- und Badetagen sollten sich Radfreunde diese Tour ersparen. Dann nämlich ist der Sorpesee rappelvoll und auf den Wegen konkurrieren Spaziergänger, Jogger, Badefreunde und Radfahrer um den besten Platz. Die optimalen Jahreszeiten für das Erleben von „Seeblick & Gipfelglück" sind im Frühjahr und Spätsommer.

Asphaltiert auf Straßen/Radwegen oder abseits der Straßen:
80:20

Belebte Strecken/ einsame Wege:
50:50

Entdecken/Abschalten, Entspannen:
35:65

Unsere „Bergetappe" startet am Parkplatz am Sorpedamm in Langscheid (Knotenpunkt 35). Kaum auf dem Rad empfiehlt sich dann schon der erste Stopp: Auf dem Sorpedamm lohnt ein Blick auf den sich lang und weit erstreckenden See auf der einen und auf das Sorpetal auf der anderen Seite. Dann aber kann die Fahrt beginnen. Am Ende des Damms folgen wir dem Radweg, der zwischen Wald und See über eine Strecke von rund sieben Kilometern von Langscheid bis Amecke führt. Auf der Strecke erinnert nach gut 3,5 Kilometern der „Kyrill Wald" an den gleichnamigen Orkan.

Der Sorpesee ist ein beliebtes Ziel für eine Radtour.

Der Weg nach Amecke lässt immer wieder beeindruckende Ausblicke auf den See und den gegenüberliegenden an den Hang gebauten Ort Lang-

Am Sorpesee ist ein Waldgebiet – der „Kyrill-Wald" – Zeuge des Naturereignisses „Kyrill". Der Orkan tobte am 18. Januar 2007 über das Sauerland und verwüstete große Teile der Waldlandschaft. Ein drei Hektar großes Gebiet des Waldes wurde nach dem Sturm weder aufgeräumt noch wurden die umgestürzten Bäume beseitigt. Seitdem wird dieses Waldstück sich selbst überlassen, um zu regenerieren und sich zu erneuern. Für interessierte Besucher wurde eine barrierefreie Aussichtsplattform und Hinweistafeln an diesem interessanten Ort aufgebaut.

scheid zu, der mit einer Promenade, Gaststätten und Bootsanleger allerhand touristische Infrastruktur aufweist. Am Ende des Sees erreichen wir eine Straße und das dahinterliegende Amecker Vorbecken (Knotenpunkt 40). Links geht es weiter auf den Radweg nach Amecke. Im Ort angekommen fahren wir nach links in Richtung Allendorf und kurz nach dem Ortseingang am Knotenpunkt 39 rechts auf einen Weg in Richtung Golfplatz Amecke.

Das Schloss Amecke befindet sich in Privatbesitz.

Schnell zeigt sich an der rechten Seite Schloss Amecke. Das herrschaftliche Anwesen ist seit 1338 im Besitz der Familie von Wrede und ist heute für Veranstaltungen und Hochzeiten beliebt.

Der Radweg biegt kurz hinter dem Schloss nach links ab und führt entlang des Golfplatzes in Richtung Allendorf. Über die Straße „Im Mühlenfeld" erreichen wir den Ort, biegen am Ende der Straße kurz nach rechts und sofort wieder links auf „Am Reuterweg" ab und erreichen darüber die Allendorfer Straße. Rechts folgen wir der Hauptstraße in Richtung Sundern-Hagen. Ein kurzes

SCHON GEWUSST?

In Sundern-Hagen haben sich die Bürger mobilisiert und in Eigeninitiative die Nahversorgungssituation im Ort verbessert. In einer Art Genossenschaftssystem reaktivierten sie einen „Dorfladen" und schufen so wieder einen Treffpunkt im Ort. Ohnehin zeigt sich die Dorfgemeinschaft kreativ und innovativ – mit zukunftsweisenden Wohnprojekten, Co-Working-Spaces und Dorfentwicklungsprogrammen.

In Eigeninitiative entstanden – der Dorfladen in Sundern-Hagen

Stück geht es entlang der Hauptstraße, ehe am Ortsende von Allendorf ein Radweg beginnt, der gut zwei Kilometer parallel zur Straße durch die Talwiesen führt.

Wir kommen in ein uriges Dorf, das sich selbstbewusst „Kuhschiss Hagen" nennt und auch Zielort des jährlichen „Mega Sports"-Mountainbike-Festivals ist.

Wir folgen der Hauptstraße durch den Ort und biegen am Ende links in die Straße „Zur Waldeshöhe" ab. Es beginnt die lange Auffahrt hoch auf die Wildewiese – dem Dach der Stadt Sundern. Verfahren kann man sich auf diesem kontinuierlich ansteigenden Talweg nicht mehr, beim ersten Abzweig geht es rechts ab und dann weiter bergan. Wir erleben eine typische sauerländische Hügel- und Tallandschaft. Für die gut 3,7 Kilometer mit durchschnittlich vier Prozent Steigung sollte man sich Zeit nehmen – die Strecke hat echten Genussfaktor.

Wildewiese ist das „Dach der Stadt Sundern": Oben auf dem Berg steht der Schombergturm.

Am Ende des Wegs stoßen wir auf die Straße (Knotenpunkt 71), die ins ehrenamtlich betriebene und nicht künstlich beschneite Skigebiet und Wanderregion Wildewiese führt. Ihr folgen wir noch ein paar letzte Höhenmeter nach links bis zum gastronomischen Ensemble auf „Steinbergs Alm" mit Gasthof, Hütte und Naturhotel. Wer es nicht ganz so genau nimmt, kann schon hier sein Gipfelglück erleben. Wer möchte, kann natürlich auch noch die letzten Meter hinauf auf den auf 680 Höhenmeter liegenden Schomberg fahren oder wandern.

Der 2006 als Richtfunkturm eröffnete Schombergturmk zählt 167 Stufen und ist 65 Meter hoch. Die Aussichtsplattform liegt auf 33 Meter Höhe, dort wartet auch ein Fernrohr. Von der Plattform beitet sich ein atemberaubenden Blick über das nördliche Sauerland und das Lennetal. Bei optimalen Wetterverhältnissen kann man sogar bis zu 85 Kilometer weit bis nach Münster oder über 100 Kilometer bis auf die Höhenzüge der Eifel schauen.

Zurück geht es zunächst auf der Hauptstraße „Wildewiese" hinunter zur Landstraße „Hohes Lennscheid". Wir überqueren die Straße und nehmen gegenüber den ansteigenden Weg in

Der Weg in Richtung Saal: Oben wartet das Café „Das knallharte Landleben".

Richtung Saal – erneut bieten sich auf einer offenen Hochfläche großartige Aussichten. In Saal lädt nach gut 1,6 Kilometern das „Das knallharte Landleben" zum Verweilen ein – ein uriger und liebevoll betriebener Cafébetrieb mit tollem Kuchen.

Das „knallharte Landleben" liegt rechts des Weges, der weiter bis zu einer Kreuzung im Wald führt. Hier verlassen wir die „Gipfelregion" allmählich und fahren nach rechts und auf einem schönen und einsamen Weg ins Tal bis Hagen. Zurück geht es nach Allendorf und Amecke auf dem schon von der Hinfahrt bekannten Weg. In Amecke haben wir die Wahl: Entweder fahren wir geradeaus rechts um das Amecker Vorbecken zurück zur Sorpesee-Brücke (das wäre die Abkürzung) oder aber links über den „Airlebnisweg"

Originelles Werbeschild einer außergewöhnlichen Gastronomie

Der „Airlebnisweg Amecke" hat im Rahmen des Regionale 2013-Projekts „Sauerland Seen" das bis dahin eher unattraktive Amecker Vorbecken durch einen interaktiven und 3,4 Kilometer langen Rundweg erlebbar gemacht und den Ort Amecke damit stark aufgewertet. 20 Einzelstationen greifen die Themen Wasser, Fühlen, Sehen, Hören und Atmung abwechslungsreich und spielerisch auf. Ein Wasserspielplatz fasziniert die Kinder. Ein historischer Kräuter- und Duftgarten, Wasserfontänen und der Barfußweg sprechen weitere Sinne an.

um das Vorbecken herum. Das empfiehlt sich auf jeden Fall an weniger belebten Tagen. Es lohnt aber auch, das Rad abzuschließen und einen Spaziergang um das Vorbecken zu machen.

Wo das Vorbecken auf den Sorpesee trifft, stoßen wir wieder auf die Landstraße 687 nach Langscheid. Zurück fahren wir parallel zu dieser auf einem gut ausgebauten, sicheren Radweg entlang des Sees – nun auf der anderen Seeseite. Die Route führt am Knotenpunkt 37 sowie an verschiedenen touristischen Infrastrukturen vorbei und vermittelt je nach Lichteinfall und Sonnenstand beim Blick auf den See den Eindruck einer Sauerland-

Fahrgastschiff auf dem Sorpesee

Riviera. Schließlich erreichen wir Langscheid, den Ausgangspunkt unserer Tour. Zahlreiche Gaststätten (u. a. vom Fernsehkoch Olaf Baumeister im imposanten Hotel Seegarten), die attraktive Sorpe-Promenade und weitere Ausflugsmöglichkeiten wie eine Bootsfahrt mit der MS Sorpesee laden ein, den Tag mit Blick auf den See noch ein wenig ausklingen zu lassen.

Die erst 1935 fertiggestellte Sorpetalsperre staut das Wasser der Sorpe zum tiefsten Stausee im Sauerland. Mit einem Damm von 69 Meter Höhe wird im Sorpesee ein Gesamtstauraumvolumen von 70 Millionen Kubikmetern erzeugt. Die Talsperre im Norden des Naturparks Sauerland-Rothaargebirge gehört dem Ruhrverband mit Sitz in Essen, der insgesamt acht Talsperren im Sauerland betreibt. Eine seiner Hauptaufgaben ist die Stabilisierung und Erhöhung der Niedrigwasserführung der Ruhr.

Tour-Infos

Haus des Gastes Langscheid
Hakenbrinkweg 19
59846 Sundern

Gaststätte Meilenweit
Am Sorpesee 195
59846 Sundern

Café Airnah
Am Sorpedamm 2
59846 Sundern

Landgasthof Steinberg
Wildewiese 1
59846 Sundern

Langscheid – Hotel Seegarten
Zum Sorpedamm 21
59846 Sundern

Sorpesee GmbH
Hakenbrink 19
59846 Sundern-Langscheid
Tel. 02935 9699015
www.sorpesee.de

WEITERE AUSFLUGSZIELE:

MS Sorpesee
Personenschifffahrt-Sorpesee
Heuweg 15 A
59846 Sundern-Langscheid-Sorpedam
Tel. 0170 8050145
www.personenschifffahrt-sorpesee.de

Ableger Sorpedamm
Amecke

Heimathafen Sorpesee
Seestraße 5
59846 Sundern-Amecke
Tel. 02393 2407276
www.heimathafen-grote.de

Steinbergs Wildewiese
Wildewiese 1
59846 Sundern
Tel. 02395 754
www.steinbergs-wildewiese.de

Das knallharte Landleben
Saal 4
59846 Sundern
Tel. 0177 6855998
www.dasknallharte-landleben.de

Meilenweit
Am Sorpesee 195
59846 Sundern
Tel. 02935 9661985
www.meilenweit-sorpesee.de

TOUR 10

Mal was anderes:

Tagestour entlang der Möhne

Die 63 Kilometer lange Tagestour entlang der Möhne von Brilon bis zu ihrer Mündung in die Ruhr in Neheim gibt Zeit zum Genießen: Eine sich von einer Bach- zur Flusslandschaft verändernden Natur, Stopps am Möhnesee sowie in einem der schönen Möhneorte sind die Höhepunkte der Strecke. Diesmal ist ein Rundkurs nicht möglich – wir verknüpfen die Tour daher mit einer ebenso lohnenswerten Fahrt mit der Oberen Ruhrtalbahn von Neheim-Hüsten nach Brilon-Stadt.

Dauer	Strecke	Schwierigkeit	Höhenmeter
4:00 Std.	**63,0 km**	**Einfache, aber dafür längere Tour mit viel Entspannung und leichter Orientierung**	**↑ 300 m bergauf** **↓ 570 m bergab**

In Brilon startet die Tour entlang der Möhne.

Die Tourdaten auf einen Blick

Bahnhof Brilon-Stadt
Bahnhofstraße
59929 Brilon

Bahnhof Neheim-Hüsten
Bahnhofstraße 136
59759 Arnsberg

Obere Ruhrtalbahn/ Linien RE 17 und RE 57 (mit Fahrradtransport) von Hagen und Dortmund nach Neheim-Hüsten und weiter nach Brilon-Stadt, Linie Paderborn-Brilon (S 10)

Kombinationen mit Tour 12, Tour 2, Tour 8, Pengel-Anton-Radweg von Wameln nach Soest; Ruhrtalradweg in Richtung Arnsberg oder Wickede

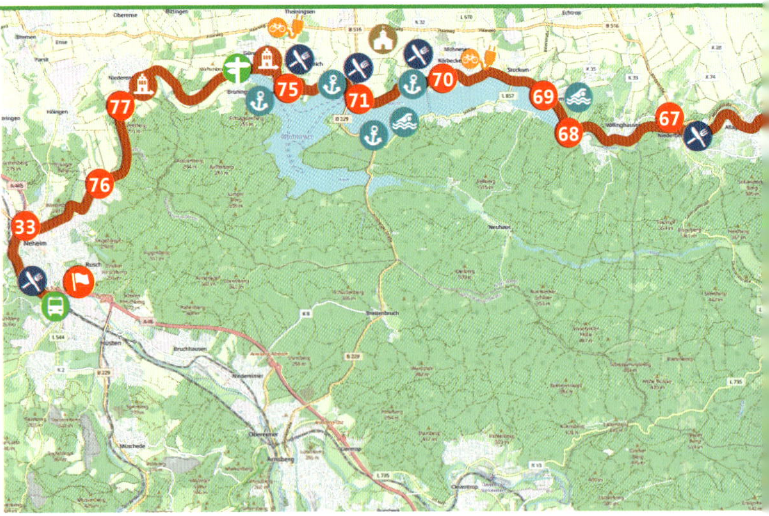

STRECKENPROFIL

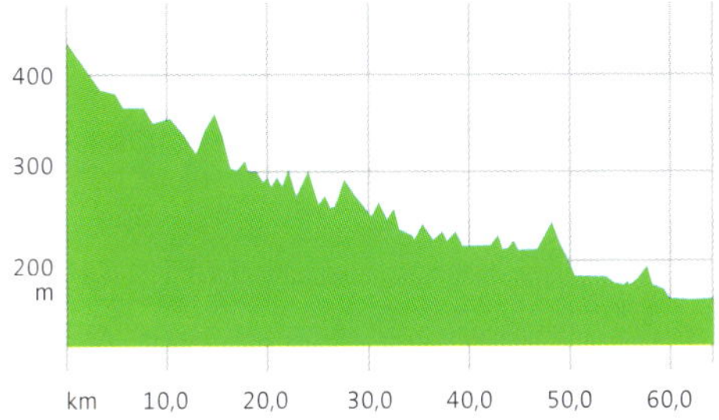

MAX. HÖHE

430 M

FAMILIEN

Die Tour ist mit älteren Kindern gut zu fahren, sofern diese etwas Ausdauer und Geduld mitbringen. Die Strecke bietet spannende Stopps für die Familie (u.a. Spielplätze am Seepark oder Biberbad).

Spaßfaktor:

★★★★☆

GASTRO

Nach dem Start in Brilon ist direkt am Weg mit gastronomischer Infrastruktur ab Belecke und dem Möhnesee zu rechnen.

Gastro-Dichte:

★★★★☆

UNTER STROM

Die Strecke führt weitestgehend leicht bergab, volle Akkuladung reicht, Ladestationen am Weg.

Schubkraft:

★★★★★

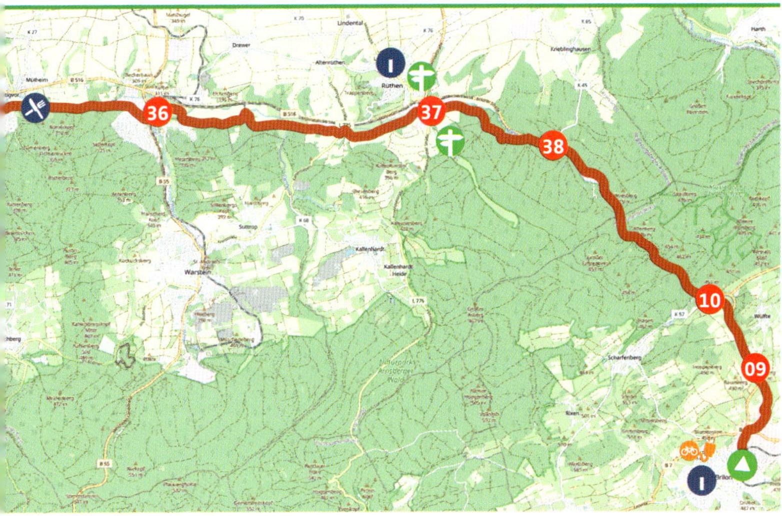

Vor dem Start müssen wir überlegen, wie die Tour logistisch organisiert werden soll. Die Radtour beginnt optimalerweise am Bahnhof Brilon-Stadt. Entweder erfolgt die Anfahrt mit dem Auto bis dorthin und wir holen den Pkw dort später mit dem Zug wieder ab (am Bahnhof Neheim-Hüsten sind Radboxen vorhanden) oder wir parken am Bahnhof Neheim-Hüsten und fahren mitsamt Rädern mit der Bahn nach Brilon. Alternativ organisieren wir die gesamte Anfahrt per Bahn.

Echter Radtour-Genuss im Möhnetal

Auf das Rad steigen wir erst in Brilon. Am Bahnhof startet die Tagestour nordwärts der weiß-roten Radwegbeschilderung folgend in Richtung Alme, Büren und Rüthen (der Startpunkt ist identisch mit der Tour 8). Vorbei an den Kläranlagen an der Hundebecke erreichen wir am Knotenpunkt 9 das Möhnetal, wo wir die Hauptstraße kreuzen. An dieser Stelle fließt die Aa hinzu, ab hier heißt der 65 Kilometer lange Fluss Möhne. Nun beginnt die totale Entspannung, weil man sich eigentlich nicht mehr verfahren kann. Wir sind jetzt fast nur noch auf Radwegen entlang von Feldern und Wiesen sowie auf alten Bahntrassen und später straßenbegleitend unterwegs.

Im Möhnetal fahren wir zwischen den Höhenzügen der Börde und der Landstraße auf der einen und der Möhneaue auf der anderen Seite. Der Fluss – hier eher noch ein Bach – schlängelt sich durch die Wiesen. Jede Jahreszeit entfaltet hier seine besonderen Reize durch eine zum Teil farbenprächtige Flora. Die Straße ist zwar noch nah, aber nicht störend.

Eine erste Option für einen Abstecher könnte das Römerlager Kneblinghausen sein. Die Befestigungsanlage bei Kneblinghausen wurde 1901 entdeckt und durch archäologische Grabungen in ihren grundlegenden Strukturen wissenschaftlich erforscht. Dafür aber müssten wir den Möhnetalradweg rechts in Richtung Kneblinghausen/Siddinghausen verlassen und einen kräftigen fast zwei Kilometer langen Anstieg nehmen. Das Lager liegt an dessen Ende auf der linken Seite.

Bleiben wir im Tal: Weitere zwei Kilometer weiter auf dem Möhnetalradweg zweigt auch eine Route nach Büren ab, wir aber halten Kurs in Richtung Rüthen und Warstein. Kurz nach dem Abzweig nach Büren verlassen wir die Fluss- und Straßen-

Holzeinschlag entlang der Strecke

SCHON GEWUSST?

Der Borkenkäfer setzt den Wäldern und insbesondere auch dem Arnsberger Wald zu. Riesige Flächen, die einst Platz für große Fichtenbestände boten, sind heute abgeholzt oder traurige Kulisse abgestorbener Bäume. Die Ausbreitung des Borkenkäfers, auch zurückzuführen auf die heißen Sommer 2018 und 2019, traf das Sauerland mit voller Wucht und ist inzwischen auch in den höheren Lagen angekommen. Die Borkenkäfer-Welle fräst sich durch die heimische Waldlandschaft und stellt große Herausforderungen an die Wiederaufforstung. Das ist nicht nur ein Problem für die Natur und das lokale Mikroklima, sondern bringt Waldbesitzer in Existenznot.

ebene und biegen links in einen Höhenweg ein. Bis vor wenigen Jahren war dies noch ein Waldweg – heute ist er ein Zeugnis der Veränderung des Waldes durch Borkenkäfer und Klimawandel. Wo wir kürzlich noch im Schatten der Fichten des Arnsberger Waldes gefahren wären, verläuft nun ein sonniger Höhenweg durch gerodete Flächen, die langsam von der Natur zurückerobert werden.

Dieser Abschnitt des Weges endet am Bibertal (Knotenpunkt 37) – mit seinem Walderlebnispfad ein beliebtes Ausflugsziel für Familien. Wer Lust und Zeit hat, kann auch die Bergstadt Rüthen besuchen, deren Altstadt in den Hang gebaut ist. Der direkte Radweg überquert aber die

Die Bergstadt Rüthen wurde im Jahr 1200 vom Kölner Erzbischof Adolf I. gegründet. Innerhalb einer drei Kilometer langen Stadtmauer aus dem 14. Jahrhundert sind zahlreiche Kulturdenkmäler auf einem Rundweg im Altstadtkern zu erleben. Die Altstadt in Belecke – ebenfalls auf einem Hügel direkt neben dem Radweg gelegen – wird von westfälischen Denkmalschützern gerne auch als „Juwel des Sauerlands" gerühmt. Die Altstadt überzeugt durch zahlreiche liebevoll restaurierte Fachwerkhäuser.

Kallenhardter Straße und wenig später den „Kattensiepen". Es geht geradewegs auf Wirtschafts- und Radwegen durch das breite Tal nach Belecke (Knotenpunkt 36). Auch hier ist die Altstadt auf dem Berg nicht weit – „Nahversorgung" ist bei einer kleinen Schleife durch den Ort möglich. Hinter dem Mühlengraben mit einem schönen alten Wasserrad folgen wir nach der Kreuzung weiter der weiß-roten Radbeschilderung Richtung Möhnesee (Kanzelbrücke) und Sichtigvor. Links wäre ein Abstecher nach Warstein möglich.

Für die Orientierung war das die letzte Herausforderung, denn nun sind wir konsequent auf einer alten Bahntrasse, die einst die Börde mit dem Möhnetal bis Brilon verband. Diese Streckenführung ist nicht nur bequem, weil es ständig leicht bergab geht, sondern sie führt die Radtouristen entspannt entlang der nun schon breiteren Möhne über Sichtigvor mit dem Blick auf Schloss Mülheim, Allagen und Niederbergheim (Knotenpunkt 67) in Richtung Völlinghausen und Möhnesee. Auf der Bahntrasse erinnern alte Waggons von historischen Personenzügen, Signale, Stellwerke und Gleisteile an das industriegeschichtliche Relikt. In Völlinghausen beginnt der Möhnesee. Hinter der historischen Kanzelbrücke (Knotenpunkt 68) öffnet sich das

Historischer Waggon am alten Bahnhof in Sichtigvor

SCHON GEWUSST?

Die Möhnetalbahn wurde 1899 auf dem Abschnitt von Belecke bis Brilon und ein Jahr später zwischen Soest und Belecke von der Westfälischen Landeseisenbahn in Betrieb genommen. Die Bahn diente dem Personenverkehr, der im Jahr 1960 eingestellt wurde. Der Güterverkehr wurde nach und nach ebenfalls stillgelegt, erlebte aber auf dem Abschnitt Belecke–Rüthen durch die Holzabfuhr nach dem Orkan Kyrill 2007 noch einmal eine Renaissance. Die Gleise wurden sogar noch einmal für 1,2 Millionen Euro saniert. Weite Teile der alten Trasse dienen heute als Radweg.

Wamelner Vorbecken. Der Radweg teilt sich kurz vor Wameln am Knotenpunkt 69 und führt weiter nach Soest, während unsere Strecke uns nun entlang des Sees leitet. Am Stockumer Damm lohnt sich ein Blick zurück auf das Wamelner Becken und den imposanten Möhnesee. Das Staugewässer bleibt immer auf der Nordseite des Sees unser Begleiter – der Radweg führt jetzt verkehrssicher entlang der Straße. In Körbecke verlassen wir den Radweg entgegen der Ausschilderung nach links auf einen Fuß- und Radweg (Seepfad), der hinunter zum See führt. Über eine kleine Brücke kommen wir in den Möhnepark mit der im Rahmen

Die Drüggelter Kapelle wurde im 12. Jahrhundert gebaut. Bis heute rätseln Historiker über ihren Ursprung. Vermutet wird, dass Kreuzritter die Kapelle auf dem Rückweg aus dem Heiligen Land als Wallfahrtsstätte errichtet haben und daher die Jerusalemer Grabeskirche als Vorbild genommen haben. Andere Thesen vermuten in dem romanischen Sakralbau auch heidnischen Ursprung mit einer nachträglichen Weihung. Bemerkenswert sind im Innenraum zwei Ringe aus 16 Säulen. (Drüggelter Weg 5, 59519 Möhnesee, Führungen unter 02924 981391, www.moehnesee.de)

Die Möhnestaumauer: Links öffnet sich der See, rechts der Blick auf das Vorbecken.

eines Regionale-Projekts gebauten Seetreppe – ein schöner Ort zum Verweilen mit viel Platz zum Picknicken und reichlich gastronomischen Angeboten.

Am See entlang, vorbei an Campingplätzen und Bootsstegen, folgen wir dem Weg am Nordufer, bis die Strecke wieder auf den Radweg entlang der Straße trifft, die um den See führt. Immer mit dem Blick auf das Wasser erreichen wir die Delecker Brücke und den namensgebenden Ort Delecke (Knotenpunkt 71). Kurz vorher können wir auch bergauf zur 500 Meter entfernten Drüggelter Kapelle abbiegen.

Hinter dem Kreisverkehr in Delecke folgt ein kleiner Anstieg hoch bis Haus Delecke – eine imposante Hotel- und Restaurantanlage – von der aus wir in einem weiten Schwung wieder hinab bis zur Möhnestaumauer (Knotenpunkt 75) rollen können. Die Mauer ist ein beliebter Treffpunkt von Touristen – und das zu Recht. Das Bauwerk ist Sehenswürdigkeit und Aussichtspunkt zugleich. Sogar eine Bootsfahrt lässt sich in eine Tages-Radtour integrieren.

Asphaltiert auf Straßen/Radwegen oder abseits der Straßen:
90:10

Belebte Strecken/einsame Wege:
40:60

Entdecken/Abschalten, Entspannen:
50:50

Wir verlassen den Möhnesee zum Schlussspurt nach Neheim. Über Günne erreicht unsere Strecke die Landstraße in Richtung Neheim, an der entlang uns ein Radweg sicher nach Niederense (Knotenpunkt 77) bringt. Kurz bevor wir dieses Dorf erreichen, besuchen wir einen Ort, der als Mahnmal für immer in die Geschichte des Möhnetals eingebrannt sein wird. Das Kloster Himmelpforten – oder das, was davon nach der Möhneflut übrigblieb – ist am gleichnamigen Wanderparkplatz, der links über eine kleine

Bis 1943 waren die Klosterkirche und verbliebende Gebäude Zeugnisse einer 700 Jahre langen Klostergeschichte im Möhnetal. Die Zisterzienserinnenabtei Himmelpforten wurde 1246 gegründet. Das Klosterleben endete infolge der Säkularisation 1804. Die Klosterkirche blieb Pfarrkirche des nahen Ortes Niederense. In der Nacht auf den 17. Mai 1943 zerstörten britische Bomber die Möhnestaumauer. Die anfangs 12 Meter hohe Flutwelle vernichtete die Klosterkirche nahezu komplett – der örtliche Pfarrer und einige Bewohner der alten Klostergebäude verloren ihr Leben. Insgesamt starben 1200 Menschen bei der „Möhneflut". Ihrer wird mit einem Mahnmal an der Stelle des Klosters Himmelpforten gedacht.

Fachwerkhäuser in Neheim mit dem Fresekenhof im Hintergrund

Brücke zu erreichen ist, zu besichtigen. Ein Ort der Besinnung.

Jetzt sind es nur noch sechs Kilometer bis in die Stadt Neheim. Diese erreichen wir, indem wir dem Radweg entlang der Hauptstraße weiter folgen, bei Moosfelde noch einmal kurz die Straßenseite wechseln, ehe wir über eine Kreuzung in ein Gewerbegebiet einfahren und von dort weiter entlang der Möhne bis nach Neheim radeln. Das Städtchen ist ein blühendes sauerländisches Mittelzentrum – mit schönem Marktplatz, Gastronomie und guten Einkaufsmöglichkeiten. An der Johannes-Kirche (Sauerländer Dom) erinnert das Franz-Stock-Denkmal an einen berühmten Sohn der Stadt – einem Neheimer Pfarrer, der sich im Zweiten Weltkrieg seelsorgerisch um französische Kriegsgefangene kümmerte und als großer Europäer galt.

Das Franz-Stock-Denkmal in Neheim erinnert an einen als großen europäischen Versöhner geschätzten Sohn der Stadt.

Von dort geht es weiter bis zur Möhnemündung unter einer Autobahnbrücke hindurch, wo der Möhnetalradweg auf den Ruhrtalradweg

SCHON GEWUSST?

An den Säulen der Autobahnbrücke an der Möhnemündung erinnern große Frauenporträts an den Tod von mehr als 500 Zwangsarbeiterinnen in einem Lager auf den Möhnewiesen, die in der Flutwelle nach der Möhne-Bombardierung den Tod fanden. Im Rahmen eines nachhaltigen Kunstprojekts „Opfer der Möhnewiesen" gab die Neheimer Künstlerin Astrid Breuer zusammen mit Schülern eines örtlichen Gymnasiums 17 der Opfer ein Gesicht und somit ihre Würde zurück. Die Porträts sind nach einem Auftakt als vorübergehend sichtbare Guerilla-Kunst an den Säulen der Autobahnbrücke nun an gleicher Stelle fest installiert. Also: Augen auf und Blick mal kurz nach oben richten!

Kunstprojekt zur Erinnerung an durch die Möhneflut getötete Zwangsarbeiterinnen

(Knotenpunkte 32/33) stößt. Flussaufwärts führt die Strecke noch als schönes Finale der Tour an den Kiesinseln in der Ruhr und am Ausflugslokal R-Café vorbei. Noch 2,5 Kilometer sind es jetzt noch bis zu einer Brücke an einer Kanuanlage (Knotenpunkt 31), wo es links an einem Haus vorbei hoch auf die Brücke und darüber direkt zum Bahnhof Neheim-Hüsten geht.

Tour-Infos

E-Bike-Ladestation/ Fahrradboxen an der Staumauer
(nahe Anleger MS Möhneses)
Möhnestraße 10
59519 Möhnesee

E-Bike-Ladestationen: am Seepark Körbecke

an der Avia Tankstelle
Seestraße 1
59519 Möhnesee

Haus Hövener Brilon (Innenhof)
Am Markt 14
59929 Brilon

Tourist-Information Brilon
Derkere Straße 10a
59929 Brilon
Tel. 02961 96990
www.tourismus-brilon-olsberg.de

Tourist-Information Möhnesee
Hauptstraße 19
59519 Möhnesee
Tel. 02924 981391
www.moehnesee.de

Tourismus Rüthen
Hochstraße 14
59602 Rüthen
Tel. 02952 818172
www.tourismus-ruethen.de

Verkehrsverein Arnsberg
Neumarkt 6
59821 Arnsberg
Tel. 02931 4055
www.arnsberg-info.de

Alter Bahnhof Sichtigvor
Römerstraße 1
59581 Warstein-Sichtigvor
Tel. 02925 2512

Restaurant&Café Loagshof
Sauerlandstraße 14
59581 Warstein-Niederbergheim
Tel. 02926 3903

Pfeffermühle am See
Seepark 4
59519 Möhnesee
Tel. 02924 9742730

R-Café Möhnesee
Linkstraße 20
59519 Möhnesee
Tel. 02924 9749330
moehnesee(at)r-cafe.de

Mahl Anderz
Möhnestraße 10
59519 Möhnesee
Tel. 02921 879545
https://mahlanderz.info

R-Café
Dicke Hecke 30
59755 Arnsberg
Tel. 02932 9004806

Bahnrelikt am alten Bahnhof von Sichtigvor

Der Möhnesee in Körbecke am Fuße der Seetreppe

WEITERE AUSFLUGSZIELE:

Bibertal-Freibad Rüthen
Naturnahes, beheiztes Freibad
Bibertal 9, 59602 Rüthen
Tel. 02952 89138

Wildpark Völlinghausen
(siehe auch Tour 12)
Zum Wildpark 1, 59519 Möhnesee
Tel. 02924 981-391 oder 392
www.wildpark-voellinghausen.de

Landschaftsinformationszentrum Wasser und Wald Möhnesee
Umweltbildungs- und Naturschutzeinrichtung in Möhnesee-Günne mit sehenswerter Ausstellung zum Möhnesee und der Lebensräume in Wasser und Wald; Brüningser Straße 2, 59519 Möhnesee, Tel. 02924 84110

Schifffahrt MS Möhnesee (April–Oktober)
Anlegestelle an der Staumauer
Möhnestraße 10, 59519 Möhnesee
(Radboxen vorhanden)
www.moehneseeschifffahrt.de

TOUR 11

Ruhr pur:

Auf der Klassiker-Route ins mittelalterliche Arnsberg

Ein Fluss prägt eine Stadt. Die Ruhr fließt über 25 Kilometer durch das Arnsberger Stadtgebiet und ist das bindende Element einer lang gestreckten Kommune und seiner großen Ortschaften. Auf unserer 39,9 Kilometer langen und leichten Tour erleben wir die Vielfalt einer Stadt vom Einkaufszentrum Neheim entlang der renaturierten und erlebbaren Ruhr bis hin zum mittelalterlichen Stadtkern.

2:30 Std.	39,9 km	Einfache Tour mit Sightseeing am Ziel	140 m

Die Burg auf dem Schlossberg in Arnsberg

Die Tourdaten auf einen Blick

Wanderparkplatz Haus Füchten 59469 Ense

Bahnhof Wickede (6,3 km vom Start entfernt), Bahnhof Neheim-Hüsten (8 km vom Start entfernt, liegt auf der Route)

Kombination mit Tour 10 (Möhnetalradweg) und Ruhrtalradweg in Richtung Wickede/ Fröndenberg

STRECKENPROFIL

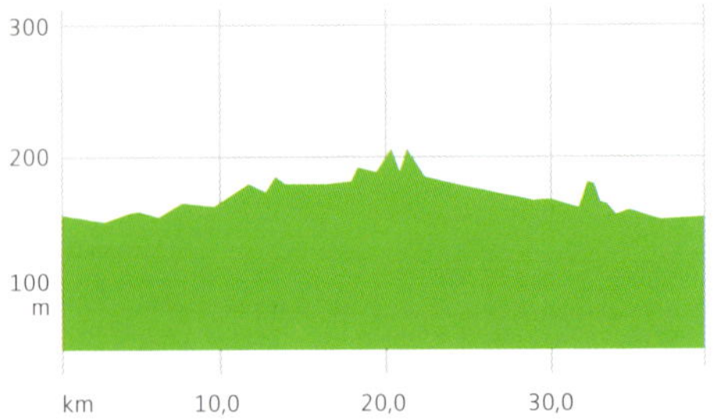

MAX. HÖHE

200 M

FAMILIEN

Die Tour ist mit Kindern gut zu fahren. Die Strecke bietet spannende Stopps für die Familie (u.a. Solepark oder Schlossberg in Arnsberg).
Spaßfaktor:

★★★★☆

GASTRO

In Neheim und vor allem in Arnsberg gibt es eine Vielzahl an gastronomischen Möglichkeiten.
Gastro-Dichte:

★★★★★

UNTER STROM

Die Strecke hat wenig Steigungen, normale Akkuladung reicht, Ladestationen am Weg.
Schubkraft:

★★★★★

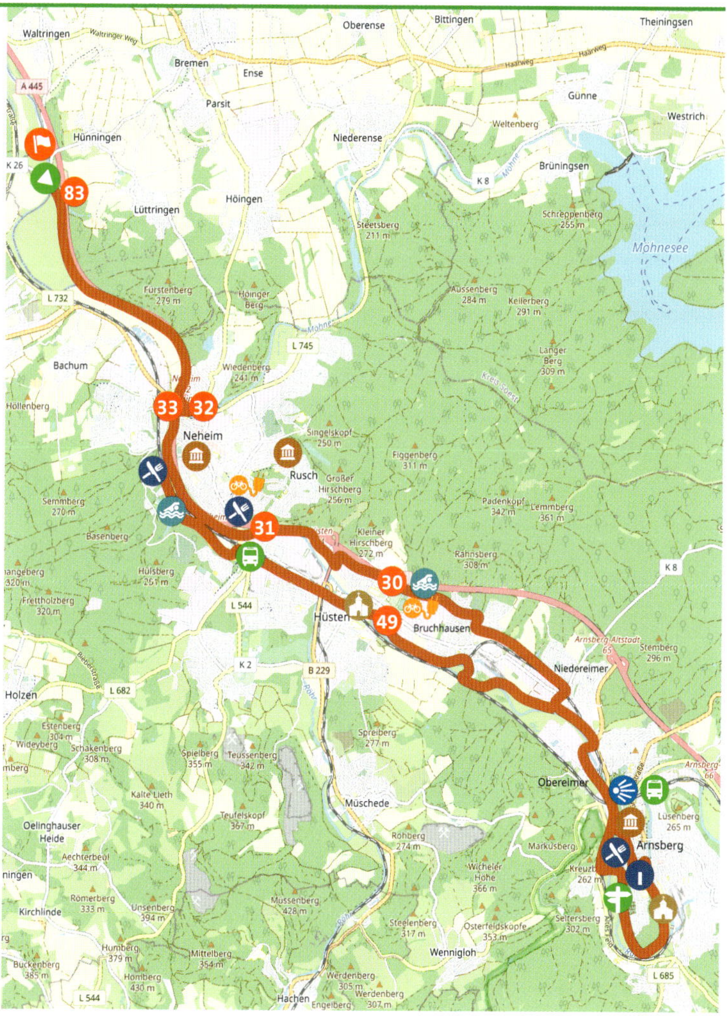
Waltringen
Oberense
Bittingen
Theiningsen
Bremen
Ense
Parsit
Günne
Westrich
Hünningen
Niederense
Weltenberg
Brüningsen
Lüttringen
Höingen
Möhnesee
Bachum
Neheim
Rusch
Hüsten
Bruchhausen
Niedereimer
Obereimer
Arnsberg
Holzen
Müschede
Wennigloh
Hachen
Oelinghauser Heide
Kirchlinde
A 445
L 732
L 745
L 544
K 2
B 229
L 682
K 8
L 685

Ausgangspunkt der Fahrt ist der Wanderparkplatz am Haus Füchten (Knotenpunkt 83). Das Herrenhaus aus dem 18. Jahrhundert, als Burg erstmalig im 13. Jahrhundert erwähnt, ist in Privatbesitz und liegt zwischen der Autobahn 445 und dem Ruhrtalradweg. Dieser führt vom Parkplatz aus über knapp fünf Kilometer bis nach Neheim. Nach kurzer Zeit begleitet der Weg direkt am Flussufer das renaturierte Gewässer mit seinen Totholz-Sperren und Kiesinseln. Noch vor Neheim bietet ein kleiner Aussichtsturm einen schönen Blick auf das Ruhrtal und die Vogelwelt, die sich hier heimisch fühlt. Wir fahren flussaufwärts auf der linken Ruhrseite. Der

Die renaturierte Ruhr in Neheim schafft Lebensraum für Vögel und Fische.

Abschnitt ist Teil des Ruhrtalradwegs und bei Radfahrern sehr beliebt. Er führt entlang der Autobahn bis zur Möhnemündung nach Neheim. Die Möhne fließt hier – rund zehn Kilometer unterhalb der Möhnestaumauer – in die Ruhr. Wir unterqueren eine

SCHON GEWUSST?

Seit mehr als 15 Jahren ist die Stadt Arnsberg darum bemüht, ihre Gewässer im Rahmen der EU-Wasserrahmenrichtlinie zu renaturieren. Ziel ist die Wanderfreiheit für Fische, die Erhöhung der Artenvielfalt in Flora und Fauna sowie der Hochwasserschutz. Die im Rahmen der Industrialisierung über weite Strecken begradigte Ruhr wurde in den vergangenen Jahren wieder geweitet, erhielt Fluträume und natürliche Eigenschaften eines Fließgewässers. Die Maßnahmen der Konzepte orientieren sich an Leitbildern weitgehend natürlicher Flusslandschaften des Mittelgebirges.

Brücke und nehmen dann am Knotenpunkt 32/33 rechts eine kleine Holzbrücke über die Möhne, um auf dem Ruhrtalradweg zu bleiben. Wahlweise können wir hier schon zu einem ersten, ausgeschilderten Abstecher nach links in Richtung Arnsberg-Neheim aufbrechen, wo Einkaufsmöglichkeiten und Gaststätten auf dem Marktplatz locken.

Hinter der Möhnebrücke fahren wir den Radweg rechts entlang bis nach Hüsten. Auch hier hat sich inzwischen eine spannende Kiesinsellandschaft im Ruhrbett gebildet, weshalb der Abschnitt von Arnsbergern oft auch „Klein Kanada" genannt wird. So einsam ist es auf dieser Strecke aber nicht. Der 2,5 Kilometer lange Abschnitt bis zum Kanuclub an der nächsten Brücke wird auch von Spaziergängern und Sonntagsausflüglern viel genutzt, weshalb hier eine „Fairnesszone" mit dem Gebot gegenseitiger Rücksichtnahme eingerichtet wurde. Am R-Café ermittelt ein Fahrradzähler die Frequenz auf dem Weg.

Am Kanuclub (Knotenpunkt 31) unterfahren wir eine Brücke am optisch wenig schönen Arnsberger Rathaus (es wird in den nächsten Jahren grundsaniert) und fahren über einen idyllischen Waldweg entlang der Ruhr nach Hüsten. In einem Gewerbegebiet folgen wir der rot-weißen Radwegbeschilderung und erreichen bald den Solepark im Areal „Große Wiese" in Hüsten (Knotenpunkt 30).

Dem Ruhrtalradweg bleiben wir treu und fahren – immer der Beschilderung folgend – zwischen Wald und Gewerbehinterhöfen in Richtung Bruchhausen, wo wir vorbei am Ententeich und der Vogelstange, für die im Sauerland in keinem Ort fehlenden Schützenfeste, erneut durch einen Wald den Ort Niedereimer erreichen. Hier achten wir weiterhin auf die roten Hinweispfeile der Radwegbeschilderung, die uns in Niedereimer nach rechts über einen Kreisverkehr und von dort auf einen neuen breiten Radweg

!

SCHON GEWUSST?

Neheim gilt als die Stadt der Leuchten. Was im 19. Jahrhundert mit der Fertigung von kleinen Öllampen und Kerzenhaltern begann begründete einen auch gegenwärtig prägenden Industriezweig. Viele Firmen aus der Gründerzeit produzieren noch heute und überzeugen mit hochmodernen lichttechnischen Lösungen. Die Lichtwoche Sauerland ist eine international anerkannte Messe, in der sich die Leuchten-Unternehmen aus Arnsberg und Sundern mit weltweiter Branchenreichweite präsentieren. Ein ehrenamtlich geführtes Museum „Werk Neheim" zeigt kurzweilig die Neheimer Industriegeschichte (www.werk-neheim.de).

SCHON GEWUSST?

Der Solepark Hüsten hat sich in den vergangenen 20 Jahren von der reinen Sportstätte „Große Wiese" mit Stadion, Sporthalle und Fußballplätzen in ein vielseitiges Freizeitareal entwickelt. Schwimmbad, Saunalandschaft, Saline, Finnenbahn, Kneippbecken und zahlreiche digitale und interaktive Spiel- und Bewegungsstationen sorgen für Aufenthaltsqualität. Ein lohnenswerter Stopp, der auch Kindern Spaß macht (Am Solepark, 59759 Arnsberg).

Der Solepark in Hüsten ist ein attraktiver Freizeitraum für alle Generationen.

entlang der Straße in Richtung Obereimer führen. An einer Kreuzung fahren wir rechts über eine Brücke, die wir direkt unterqueren, um weiter entlang der Ruhr zu fahren.

Achtung! Unter dem bald folgenden Viadukt müssen wir unbedingt absteigen. Hier kreuzen in die Straße eingelassene Schienen einer noch aktiven Bahnstrecke. An dieser Stelle kommt es zu auffällig vielen Stürzen. Wir fahren durch die Siedlung Muffrika und kommen bald nach einer erneuten Straßenquerung ins „Alte Feld". Über eine steile Fußgängerbrücke werden auch die Radtouristen erneut über die Ruhr geführt. Im Alten Feld folgen wir den Schildern in die Arnsberger Altstadt, nehmen aber den längeren Weg durch das Tal um den Berg herum. Die Ausschilderung ist hier sehr gut. Wir passieren eine Sporthalle, einen Naturerlebnisraum, ein Schulzentrum und erreichen die „Promenade", von der aus sich schon die imposante Propsteikirche vom Kloster Wedinghausen erkennen lässt.

Gefahrenstelle am Viadukt in Arnsberg

Hinter einem künstlerisch gestalteten Kreisverkehr erreichen wir die einladende Ruhrterrasse an der Ruhrstraße – ein netter Picknickplatz am Fuße des architektonisch prächtigen Neubaus des Sauerland-Museums. Von hier geht es später am Kreisverkehr über die Bömerstraße hoch auf dem Neumarkt mit seinem klassizistischen Gebäudeensemble. Sowohl der Steinweg in die Altstadt hinauf zur Burg als auch die Klosterstraße zum Kloster Wedinghausen sind vom Neumarkt aus zu erreichen.

Wer in Arnsberg ist, sollte sich Zeit nehmen: für das Flanieren durch die Altstadt oder das Genießen der hier besonders einladenden Gastronomie, die für jeden Geschmack etwas zu bieten hat. Über den Steinweg geht es hinauf zum Glockenturm, das

Asphaltiert auf Straßen/Radwegen oder abseits der Straßen:
85:15

Belebte Strecken/ einsame Wege:
70:30

Entdecken/Abschalten, Entspannen:
70:30

Bereits im Jahr 1170 wurde das Kloster Wedinghausen in Arnsberg begründet. Das Kloster war ein religiöses und kulturelles Zentrum der Grafschaft Arnsberg und später des Herzogtums Westfalen. Nach der Besetzung des linken Rheinufers durch französische Truppen im Jahr 1794 wurde Wedinghausen Zuflucht des Kölner Domkapitels und Aufbewahrungsort des Dreikönigsschreins. Seit Jahren wird das Kloster mit Mitteln des Landes Nordrhein-Westfalen,, Spenden und Stiftungsgelder renoviert und bringt dabei immer wieder archäologische Schätze zum Vorschein. Neu errichtet wurde zu Beginn des Jahrtausends ein Glasgebäude am Südflügel, das in seiner Formensprache an den verlorenen Teil der Klosteranlage erinnern will, ohne das ehemalige Gebäude zu imitieren. Die von dem Kölner Architekten Gerhard Kalhöfer entworfene Neukonzeption hat 2002 einen Landeswettbewerb gewonnen und polarisierte nach seinem Bau (Klosterstraße 20, 59821 Arnsberg, www.arnsberg.de/kloster-wedinghausen).

von den Bürgern geliebte Wahrzeichen Arnsbergs. Der heutige Bau stammt aus dem Jahr 1323. Er wurde im Stil einer frühgotischen Hallenkirche errichtet. Ein Torbogen führt in die obere Altstadt über der der Schlossberg thront. Heute sind dort nur noch Festungsmauern zu erkennen. Angelegt wurde die Burg auf dem 256 Meter hohen Berg um 1100 und wurde im 16. Jahrhundert zu einem Renaissance-Schloss umgebaut. Zerstört wurde das Schloss 1762 im Siebenjährigen Krieg.

Nach der Altstadtbesichtigung treten wir den Rückweg an. Vom Neumarkt geht es über die Königsstraße hinab, schräg links in die Mühlenstraße und über die Ruhrbrücke links zurück nach Muffrika. Hier fahren wir auf dem schon bekannten Weg durch die Torbögen des Viadukts zurück. Vor Niedereimer biegen wir links auf einen Radweg durch die Ruhrwiesen nach Bruchhausen und Hüsten ab. Hinter dem Bruchhausener Sportplatz führt der Radweg entlang von Bahngleisen und überrascht irgendwann mit einem wilden Garten. Zwei Biologielehrer – Vater und Sohn – gestalteten hier einen Garten aus Fundsachen aus den Ruhrwiesen und erklären ihr Werk gerne interessierten Besuchern.

Am Ende des Weges fahren wir über eine Eisenbahnbrücke (Knotenpunkt 49) ein weiteres Mal über die Ruhr, folgen dem Weg zum Hüstener Markt mit seiner Petrikirche und von dort, nicht mehr den rot-weißen Hinweisschildern folgend, weiter über die Marktstraße und Kleinbahnstraße bis zum Berliner Platz – einem Schulzentrum. Über den Parkplatz des Schulhofs geht es kurz bergauf in den Wald und dann sofort rechts entlang des Bachtals in Richtung Neheimer Freibad und Jahnallee. Gegenüber vom Kinderverkehrsübungsplatzes am „Schwiedinghauser 1220" fahren wir rechts über eine Fußgängerbrücke wieder über die Ruhr und erreichen den Ruhrtalradweg zwischen

R-Café

Dicke Hecke 30
59755 Arnsberg
Tel. 02932 9004806
www.r-cafe.de

Café Konditorei Krengel

Alter Markt 4
59821 Arnsberg
Tel. 02931 936908
www.konditorei-krengel.de

Zum Alten Schloss Arnsberg

Schlossstraße 21
59821 Arnsberg
Tel. 02931 3828

Arnsberger Mühlenbräu Gasthausbrauerei

Mühlenstraße 20
59821 Arnsberg
Tel. 02931 5327716
www.arnsberger-muehlenbraeu.de

Restaurant Eleo 1220

Jahnallee 38
59757 Arnsberg
02932 9417200
www.eleo1220.de

Neheim und Hüsten, den wir bereits auf vom Hinweg kennen. Links geht es weiter zur Möhnemündung und von dort wahlweise noch einmal nach Neheim oder direkt zum Ausgangspunkt zurück.

Tour-Infos

Neues Freizeitbad Arnsberg NASS
Am Solepark 15
59759 Arnsberg

R-Café
Dicke Hecke 30
59755 Arnsberg

Sauerland-Museum Arnsberg
Alter Markt 24
59821 Arnsberg

An den Bahnhöfen in Neheim-Hüsten und Arnsberg werden einzelne Boxen für Tagesnutzer bereitgehalten.

Verkehrsverein Arnsberg
Neumarkt 6
59821 Arnsberg
Tel. 02931 4055
www.arnsberg-info.de

WEITERE AUSFLUGSZIELE:

Sauerland-Museum Arnsberg
Alter Markt 24, 59821 Arnsberg
Tel. 02931 944444
www.sauerland-museum.de

Franz Stock Dauerausstellung Neheim
Fresekenhof (1. OG), Mendener Straße / Ecke Burgstraße,
59755 Arnsberg-Neheim
www.franz-stock.org

Industriemuseum Werk Neheim *(nur nach Absprache)*
Hilsmannweg 23a
59755 Arnsberg-Neheim
Tel. 02932 28840
www.werk-neheim.de

Historische Bürgergärten Arnsberg
Twiete 1, 59821 Arnsberg
www.arnsberg-info.de

Limpsturm Arnsberg inkl. Camera Obscura
(nur nach Absprache)
Bergstraße 8, 59821 Arnsberg,
Tel. 02931 16158,
www.foerderverein-lichtturm.de

TOUR 12

Das Beste zum Schluss:

Der Möhnesee

von seiner schönsten Seite

Das „westfälische Meer" ist der große Wasserspeicher des Ruhrgebiets. Vor allem aber ist der Möhnesee Ausflugs- und Tourismusziel. Richtig schön ist es dort, wenn der große Rummel vorbei ist. Früh morgens oder an Sommerabenden – vor allem aber in den ersten Herbstwochen. Dann radelt es sich am schönsten um den See.

2:00 Std	26,4 km (Extra-Schleife plus 6 km)	Einfache Tour mit viel Seeblick	210 m

Das westfälische Meer – der Möhnesee

Die Tourdaten auf einen Blick

Parkplatz Camping Delecke/Südufer Arnsberger Straße 8 59519 Möhnesee-Delecke, alternativ Parkplatz Südufer 2 59519 Möhnesee

Bahnhof Soest (12 km vom Start entfernt), Haltestelle Fahrradbus-Linie Soest-Sundern in Günne (ca. 4 km vom Start entfernt)

Kombination mit Tour 10 (Möhnetal-radweg) sowie Radweg nach Soest

STRECKENPROFIL

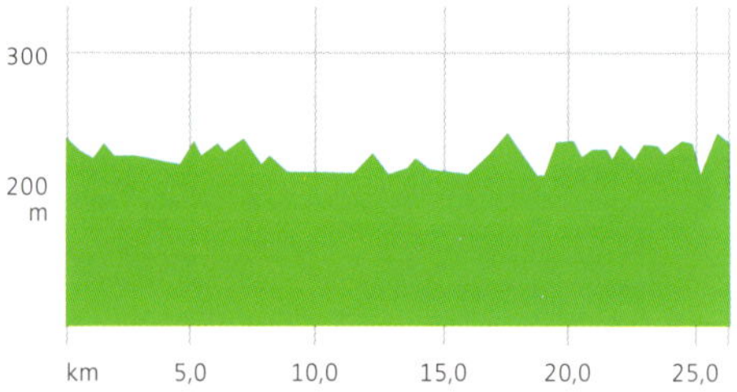

MAX. HÖHE

243 M

FAMILIEN

DIe Tour ist mit Kindern gut zu fahren und bietet spannende Stopps für die Familie (u. a. Spielplätze am Seepark).
Spaßfaktor:

★★★★☆

GASTRO

An der See-Südseite zwischen Seebrücke und Stockumer Damm gibt es Einkehrmöglichkeiten; vielseitiges Angebot dann in Körbecke und Delecke an der Nordseite wie auch zum Abschluss kurz vor dem Ausgangspunkt.
Gastro-Dichte:

★★★★☆

UNTER STROM

Eine Strecke mit wenig Steigungen, normale Akkuladung reicht, Ladestationen am Weg.
Schubkraft:

★★★★★

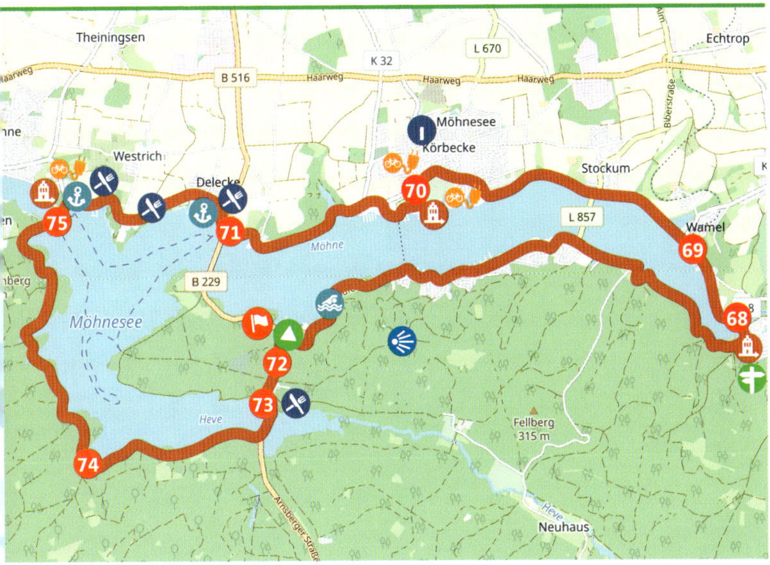

Die Möhnestaumauer ist ein imposantes Bauwerk.

Ein guter Startpunkt für die Tour ist der Campingplatz Delecke am Südufer des Sees (Knotenpunkt 72). Der gebührenpflichtige Parkplatz der Anlage erspart das Suchen nach engen Parkbuchten und bietet genug Platz, um entspannt die Fahrräder von den Trägern zu holen. Allerdings – und daher auch die Empfehlung, sich diese wirklich schöne Tour außerhalb der Hauptsaison vorzunehmen – wird Parkraum am Möhnesee während der Badezeit und sonnigen Ausflugstagen schnell knapp.

Wir verlassen den Parkplatz nach links in Richtung Osten auf dem seeseitigen Radweg. Von da an genießen wir fast durchgehend den Blick auf

Seit Mai 2015 ragt der 42 Meter hohe Möhneturm aus dem Arnsberger Wald heraus und bietet auf einer knapp 39 Meter hohen Plattform einen fantastischen Ausblick über den See, das südlich liegende Waldgebiet und nach Norden über den Haarstrang in die Börde hinein. Die 75 Tonnen schwere Stahlkonstruktion ist mit Douglasien-Kanthölzern luftig verkleidet. Der Aussichtsturm gilt als Baustein des „WaldMeer"-Projekts des Europäischen Fonds für regionale Entwicklung.

den Möhnesee. Nach gut 1,2 Kilometern passiert der Radweg eine Bade- und Picknickstelle, die eine schöne Sicht auf das sich hier öffnende Gewässer bietet (gegenüber befindet sich ein weiterer Ausweichparkplatz und eine Minigolfanlage). Nach 1,2 Kilometern folgt an der rechten Seite erneut ein Parkplatz, vom dem aus ein Waldweg zum Möhne-Aussichtsturm hinaufführt. Ein lohnenswerter Abstecher, der mit dem City-E-Bike aber schwierig ist, sondern auf einem ca. 15-minütigem Fußweg zurückgelegt werden muss.

Asphaltiert auf Straßen/Radwegen oder abseits der Straßen:
90:10

Belebte Strecken/ einsame Wege:
50:50

Entdecken/Abschalten, Entspannen:
40:60

An einer wenig später folgenden Fußgänger- und Radfahrerbrücke mitten über den See lohnt ebenfalls ein kurzer Stopp – auf dieser Brücke lässt sich die Größe des Sees ebenso wie der bei Seglern beliebte Wind beeindruckend spüren.

Die Tour um „die Möhne" führt uns aber weiter auf einem Radweg, den wir uns mit den Fußgängern teilen (auch das ist an Stoßzeiten zuweilen ein Problem). Vorbei an der Jugendherberge, diversen Steganlagen mit Bootsverleih und schönen Häusern entlang des Südufers geht es weiter in Richtung Stockumer Damm. Diesen befahren wir nicht, sondern folgen auf einer schmalen Straße (Forststraße) weiter dem Seeufer. Kurz bevor die Straße in einer ansteigenden Rechtskurve den See verlässt, biegen wir auf der nun zum Anliegerweg werdenden Forststraße weiter in Richtung Völlinghausen ab.

Auf Radwegen geht es durch den Wald.

Vorbei an reizvollen Buchten mit kleinen, oft urigen Wochenendhäusern und eigenem See-Zugang führt die Strecke zwischen Seeufer und Arnsberger Wald bis zur historischen Kanzelbrücke. Unter ihr fließt die Möhne in das Wameler Becken, das als Vorbecken des sich hinter dem Stockumer Damm zur vollen Größe entfaltenden Möhnesees dient. Ein schöner Aussichtspunkt mit Sitzmöglichkeiten lädt zum Verweilen ein – die fotogene Brücke fügt sich in eine hier fast schon wildromantische Flusslandschaft ein.

Jetzt gibt es erneut die Möglichkeit für einen Abstecher, denn keine 1,5 Kilometer entfernt ist der Wildpark Völlinghausen ausgeschildert. Die eigentliche Route aber führt über die Kanzelbrücke auf die Nordseite des Möhnesee-Vorbeckens (Knotenpunkt 68). Hinter der Brücke fahren wir links auf den Radweg, der sich jetzt zunächst rechts von der Straße befindet. Dort erreichen wir bald den Parkplatz gegenüber dem Strandbad „Uferlos" – das an heißen Tagen schonmal über-

Die 1912 im Rahmen des Anstauens des Möhnesees gebaute Kanzelbrücke verbindet die Ortsteile Wamel auf der Nordseite und Völlinghausen auf der Südseite des Möhne-Flusses. Sie ist die älteste Brücke des Möhnesees und gilt als eine der schönsten Steinbrücken Deutschlands. Ihren Namen erhielt sie, weil ihre Pfeiler an den Seiten der fünf Bögen an Kirchenkanzeln erinnern. Erbaut wurde sie nach den Vorbildern alter deutscher Flussbrücken. Nach starken Beschädigungen im Zweiten Weltkrieg wurde die Brücke 1953 originalgetreu wiederhergestellt.

füllt seine kann, ansonsten im Sommer außerhalb der Ferien aber einen Besuch zum Rasten wert ist. Jetzt achten wir genauer auf die Beschilderung. Wenige Meter nach dem Parkplatz verlässt der Radweg auf einer alten Bahntrasse den See in Richtung Soest (Knotenpunkt 69), wir kreuzen also hier die Straße und fahren jetzt weiter direkt an der Uferseite.

Bald erreichen wir das Dorf Stockum und den Stockumer Damm und fahren von dort weiter nach Körbecke, dem Hauptort der Gemeinde Möhnesee. Den Kreisverkehr verlassen wir (geradeaus) in der zweiten Ausfahrt und erreichen schließlich die Seetreppe. Das Regionale-Projekt macht den See an dieser Stelle attraktiv erlebbar – hier schlägt das touristische Herz des Möhnesees. An der Seetreppe sollten wir am Parkplatz links hinunter zum See rollen und weiter dem Radweg direkt am See folgen. Hier bieten sich auch diverse Einkehrmöglichkeiten. Die Seebrücke lassen wir links liegen, passieren einen Yachtclub und folgen dem Weg an der Straße bis zur Delecker Brücke (Knotenpunkt 71).

Fußgängerbrücke über den Möhnestausee in Körbecke

Der Wildpark Völlinghausen befindet sich am Südrand des Ortsteils Völlinghausen. Volieren im Eingangsbereich, ein Freigehege mit Damhirschen, Rot- und Sikawild sowie ein Streichelzoo mit Ziegen und Schafen erfreuen kleine und große Besucher. Infotafeln geben zudem Auskunft über die Tierwelt des Arnsberger Waldes.
Der Eintritt ist frei (Zum Wildpark 1, 59519 Möhnesee, Tel. 02924 981-391 oder 392, www.wildpark-voellinghausen.de)

Der Seepark Körbecke wurde zwischen 2014 und 2016 umgestaltet. Kernstück ist die den Hang hinunterführende Seetreppe, die in einer Sichtachse von der Seestraße bis zur breiten Betonstufe am Ufer führt. Der Seepark mit zahlreichen Freizeit- und Gastronomieangeboten wurde im Rahmen der Regionale 2013-Projektförderung neu konzipiert.

Wer abkürzen will, kann hier über die Brücke zum Ausgangspunkt fahren, verpasst dann aber einen der schönsten Teile der Tour. Von Delecke geht es leicht ansteigend bis zum Hotel Haus Delecke – einst in Besitz der Familie Kettler, die hinter der gleichnamigen Freizeit-Weltmarke steht, die ihren Sitz im benachbarten Ense hatte. Nach einer kleinen Abfahrt taucht schon die imposante Möhnetalsperre (Knotenpunkt 75) auf.

Hier steigen wir vom Rad und lockern die Beine, denn auf dem Sperrwerk ist das Radfahren verboten. Zu Fuß lässt sich die Möhnestaumauer aber ohnehin am besten genießen. Am Ende der Sperrmauer können wir uns dann wieder auf den Sattel schwingen und über einen gut sechs Kilometer langen Weg entlang des Hevebeckens die Tour fortsetzen. Die Route führt in kleinen Wellen vorbei am Knotenpunkt 74 zwischen herrlichem Seeblick und Waldimpressionen – leider an vielen Stellen getrübt durch die durch Borkenkäferschäden stark und zuweilen erschreckend gelichteten Stellen – bis zur Arnsberger Straße. Wir biegen nach links ab, überqueren die Brücke und nehmen noch eine kleine Welle hoch zum Ausflugsrestaurant Torhaus (Knotenpunkt 73).

Touristischer Anziehungspunkt: die Möhnetalsperre

Eine 40 Meter hohe und 650 Meter breite Mauer aus einer Viertelmillionen Kubikmetern Bruchsteinen staut die Flüsse Möhne und Heve zum Möhnesee auf. Der Bau der Mauer begann im Jahr 1909, die Einweihung fand 1913 als damals größte Stauanlage in Europa statt. Am 17. Mai 1943 im Zweiten Weltkrieg wurde durch von britischen Bombern abgeworfenen Rollbomben ein 80 Meter breites Loch in die Sperrmauer gerissen. Die Flutwelle kostete mindestens 1500 Menschen das Leben. Selbst im Ruhrgebiet forderte die Flutwelle noch Todesopfer.

Das Hevebecken ist ein Seitenarm des Möhnesees – an ihm führt der attraktiver Radweg entlang.

SCHON GEWUSST?

Hinter der Sperrmauer des Möhnesees können 134,5 Millionen Kubikmeter Wasser aufgestaut werden. Das entspricht dem Trinkwasserverbrauch der Stadt Essen von etwas mehr als vier Jahren (ca. 30 Mio. m³ im Jahr 2017). Mit all seinen Buchten ist der Möhnesee über zehn Kilometer lang und an seiner tiefsten Stelle 36 Meter tief. Die Wasseroberfläche bei Stauzielhöhe beträgt 10,37 Quadratkilometer.

Auch von hier bietet sich zu Fuß oder über einen mit Spaziergängern zu teilenden Waldweg ein Abstecher zum Möhneturm an (hin und zurück ca. 45 Min. auf einem geschotterten Waldweg). Wer jetzt nicht direkt den letzten Kilometer hinunter zum Ausgangspunkt fahren möchte, kann entweder das beliebte Ausflugslokal Torhaus zum gastronomischen Abschluss nutzen oder noch eine rund sechs Kilometer lange Extra-Schleife einlegen. Gegenüber dem Torhaus-Parkplatz fährt man hierzu links von der Straße auf einen Rad- und Fußweg um eine Halbinsel zwischen Hevebecken und Hauptsee. Das Wasser immer links im Blick erreicht man schließlich einen kleinen Parkplatz an der Delecker Brücke und fährt dort rechts über einen Radweg zurück zum Ausgangspunkt.

Tour-Infos

Staumauer Möhnetalsperre
(nahe Anleger MS Möhnesee)
Möhnestraße 10
59519 Möhnesee
(Fahrradboxen vorhanden)

Seepark Körbecke
Seestraße in
59519 Möhnesee-Körbecke

Avia Tankstelle
Seestraße 1
59519 Möhnesee-Körbecke

Tourist-Information Möhnesee
Hauptstraße 19
59519 Möhnesee
Tel. 02924 981391
www.moehnesee.de

WEITERE AUSFLUGSZIELE:

Landschaftsinformationszentrum Wasser und Wald Möhnesee: *Umweltbildungs- und Naturschutzeinrichtung in Möhnesee-Günne mit sehenswerter Ausstellung zum Möhnesee und der Lebensräume in Wasser und Wald Brüningser Straße 2, 59519 Möhnesee, Tel. 02924 84110*

Schifffahrt MS Möhnesee *(April-Oktober): Katamaran für 600 Personen Anlegestelle Möhnestraße 10/Staumauer (Radboxen vorhanden) www.moehneseeschifffahrt.de*

Geronimo
Linkstraße 17
59519 Möhnesee
Tel. 02924 851080
www.cafe-geronimo.de

R-Café Möhnesee
Linkstraße 20
59519 Möhnesee
Tel. 02924 9749330
moehnesee(at)r-cafe.de

Mahl Anderz
Möhnestraße 10
59519 Möhnesee
Tel. 02921 879545
https://mahlanderz.info/

Torhaus Möhnesee
Arnsberger Straße 4
59519 Möhnesee
Tel. 02924 5192
www.torhaus-moehnesee.de

WEITERFÜHRENDE LINKS

Fahrradfahren im Sauerland ist im Trend. Auf zahlreichen Internetseiten werden Hilfestellungen für Routenplanungen und Orientierung gegeben:

Sauerland Tourismus e. V. gibt wichtige Hinweise für die Quartiersuche sowie Ausflugstipps und stellt Radtouren für alle Alters- und Leistungsgruppen vor:
www.sauerland.com/erleben/Radfahren

Auf der Seite von Sauerland Radwelt e. V. findet man nicht nur Tourenvorschläge, sondern auch wichtige Orientierungshilfen auf der Knotenpunktkarte. Das hilft beim Planen und ist insbesondere nützlich, wenn man sich wirklich mal verfahren hat:
www.radeln-nach-zahlen.de/de/Das-Konzept-Radeln-nach-Zahlen/Knotenpunktkarte

Für Fahrradtouren entlang der Flüsse oder des Sauerlandradrings sind folgende Links bei der Tourenplanung hilfreich:

www.diemelradweg.de

www.lenneroute.de

www.moehnetalradweg.de

www.ruhrtalradweg.de

www.sauerlandradring.de

BILDNACHWEIS

Adobe Stock: © Tanja Esser: S. 6, © sweasy S. 61, © scaleworker: S. 73, © oldline2: S. 77, © P.S.DES!GN: S. 116, © Matthias: S. 119, © Andrey Popov: S. 160; Hans Blossey: S. 19, 58, 94, 128, 149; Martin Haselhorst: S. 14, 15, 17, 20, 28, 39, 42, 45, 54, 55, 56, 57, 68, 69, 70, 72, 82, 90, 93, 100–106, 112, 113, 114, 117, 118, 126, 127, 129, 132, 133 u., 134–136, 144, 153–158; pd-f: www.flyer-bikes.com S. 3; picture alliance/blickwinkel/H. Blossey: S. 120; picture alliance/blickwinkel/R. Kaufung: S. 76; picture alliance/imageBROKER/Boensch, B.: S. 125; picture alliance/imageBROKER/Movementway: S. 71; picture alliance/Jochen Tack: S. 74; picture-alliance/dpa/Horst Ossinger: S. 29; Ruhrverband: S. 18; Sauerland Tourismus/Klaus-Peter Kappest: S. 4, 11, 23, 27; Sauerland Tourismus: S. 25, 65; Sauerland Tourismus/Dennis Stratmann: S. 51, 60; Schmallenberg-Sauerland/Sabrina Voss: S. 37, 40 o., 123; Marion Steinberg: S. 115; Upländer Milchmuhseum: S. 80, 84; Westfalenpost Brilon/Annette Dülme: S. 83; Westfalenpost Meschede: S. 44; Westfalenpost/Katrin Clemens: S. 43 o.; Westfalenpost/Laura Handke: S. 41; Westfalenpost/Ute Tolksdorf: S. 46; Ziese, Stefan: S. 5, 16, 26, 30, 31, 33, 34, 40 u., 43 u., 47, 48, 62, 81, 87, 92, 97, 109, 130, 131, 133 o., 137, 139, 142, 145, 152

INFO

Die GPX-Daten zu den Radrouten finden Sie unter
https://klartext-verlag.de/gpx-daten